6년간 아무도 깨지 못한 기록

합격자 수 1위
에듀윌

KRI 한국기록원 2016, 2017, 2019년 공인중개사 최다 합격자 배출 공식 인증 (2022년 현재까지 업계 최고 기록)

에듀윌을 선택한 이유는 분명합니다

4년 연속 취업 교육
1위

합격자 수 수직 증가
2,557%

취업 교재 누적 판매량
196만부

베스트셀러 1위 달성
2,014회

에듀윌 취업을 선택하면
합격은 현실이 됩니다.

누적 판매량 196만 부 돌파*
베스트셀러 1위 2,014회 달성*

공기업, 대기업, 취업상식
수많은 취준생이 선택한 합격 교재

공사 공단 NCS 베스트셀러 1위

삼성 GSAT 베스트셀러 1위

취업상식 90개월 베스트셀러 1위

더 많은
에듀윌 취업 교재

에듀윌 취업 전 교재*
동영상 강의 무료

교재 연계 맞춤형 강의가 무료

이시한의 적중 최신 월간NCS 특강

IBK기업은행 기출변형 문제풀이 무료특강

LG인적성 기출유형 무료특강

국민건강보험공단 2020년 9월 시행 기출복원
(법률) 주요문제 무료특강

지역농협 6급 대표유형 문제풀이 무료특강

LH 한국토지주택공사 기출복원 모의고사
주요 문제풀이 무료특강

2020년 9월 시행 국민건강보험공단 기출복원
모의고사 주요 문제풀이 무료특강

5대 철도공사/공단 NCS 주요 문제풀이 무료특강

대기업 인적성 수리·추리 영역 대표유형 무료특강

한국수력원자력+5대 발전회사 PSAT형/피듈형
주요 문제풀이 무료특강

롯데 L-Tab 실전모의고사 문제풀이 무료특강

한국수자원공사 기출복원 모의고사 주요
문제풀이 무료특강

국민건강보험공단 NCS 대표기출 유형
문제풀이 무료특강

2020년 10월 시행 한전 기출변형 모의고사
주요 문제풀이 특강

공기업 NCS 통합 PSAT형/모듈형 주요
문제풀이 무료특강

GSAT 기출변형 무료특강

면접관이 말하는 NCS 자소서와 면접
전기 직렬 무료특강

면접관이 말하는 NCS 자소서와 면접
사무행정 직렬 무료특강

2020년 7월 시행 부산교통공사
기출복원 모의고사 주요 문제풀이 무료특강

NCS 입문자를 위한, 최소 시간으로
최대 점수 만들기 무료 특강

2020년 10월 시행 코레일 기출복원 모의고사
주요 문제풀이 무료특강

한국전력공사 최신기출복원 모의고사 풀이
무료특강

이시한의 NCS 모듈형 완전정복 무료특강

PSAT형 NCS 자료해석 문제풀이 무료특강

끝까지 살아남는 대기업 자소서 무료특강

6대 출제사 빈출유형 무료특강

SKCT 최신 기출분석 무료특강

GSAT 개념 완성 무료특강

코레일 NCS 대표 기출유형 문제풀이 무료특강

NCS 10개 영역 기출유형 무료특강

이 교재 강의 월간NCS 무료특강(2강)

| 수강 경로

에듀윌 홈페이지
(www.eduwill.net)
로그인

▶

공기업/대기업 취업
클릭

▶

무료특강
클릭

무료특강
수강신청

※ 강의는 매달 25일에 월별로 오픈 예정이며, 강의명, 오픈일자, 강의 수 등은 변경될 수 있습니다.

모바일 OMR
자동채점&성적분석 무료

정답만 입력하면 채점에서 성적분석까지 한번에!

활용 GUIDE	실시간 성적분석 방법!
	STEP 1 QR 코드 스캔 ▶ STEP 2 모바일 OMR 입력 ▶ STEP 3 자동채점 & 성적분석표 확인

STEP 1

교재 내 QR 코드 스캔

- 교재 내 QR 코드를 모바일로 스캔 후 에듀윌 회원 로그인
- QR 코드 하단의 바로가기 주소로도 접속 가능

STEP 2

모바일 OMR 입력

- 회차 확인 후 '응시하기' 클릭
- 모바일 OMR에 답안 입력
- 문제풀이 시간까지 측정 가능

STEP 3

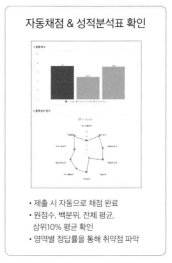

자동채점 & 성적분석표 확인

- 제출 시 자동으로 채점 완료
- 원점수, 백분위, 전체 평균, 상위10% 평균 확인
- 영역별 정답률을 통해 취약점 파악

응시내역 통합조회	에듀윌 문풀훈련소 또는 puri.eduwill.net
	공기업·대기업 취업 클릭 → 상단 '교재풀이' 클릭 → 메뉴에서 응시내역 확인

※ '모바일 OMR 자동채점&성적분석' 서비스는 교재마다 제공 여부가 다를 수 있으니, 교재 뒷면 구매자 특별혜택을 확인해 주시기 바랍니다.

매달 만나는 최신 취업 트렌드

에듀윌 공기업
월간
NCS

사면이 물로 둘러싸인 바다에서 길을 잃으면
다시는 올바른 길로 갈 수 없을 것만 같습니다.

그런데 바다에서 길을 찾는 방법은 의외로 많습니다.
옛사람들은 별의 각도를 재어 방향을 확인하거나
물결의 모양을 통해 근처에 육지가 있는지 알 수 있었습니다.

때로는 우리도 바다 한가운데 떠 있는 부표처럼
가야 할 길을 잃는 순간이 있습니다.

길을 찾는 방법은 하나가 아님을 항상 기억해 두세요.
잠시 길을 잃더라도
당신은 기어코 당신만의 길을 찾을 수 있을 것입니다.

CONTENTS

HOT 이달의 취업 · 매달 만나는 채용 트렌드

이시한의 취준진담	우리나라 취업시장의 10년 후의 변화는?	04
은근히 까다로운	NCS 수리능력의 해법, 기초연산 이론	12
정보톡톡	2023년 공공기관 채용변화 맞춤형 대비 전략	20
면접관의 시선	공기업 취업 성공의 마지막 관문, 상황면접/PT 면접	28
꿀팁 수배	고난도 NCS 문제 풀이 꿀팁을 수배합니다	38

I NCS 영역별 최신기출

☑ 의사소통능력	42
☑ 수리능력	50
☑ 문제해결능력	59
☑ 자원관리능력	66
☑ 자기개발능력	68
☑ 대인관계능력	68
☑ 정보능력	69
☑ 기술능력	69
☑ 조직이해능력	70
☑ 직업윤리	70

II NCS 실전모의고사

| 실전모의고사 | 72 |

통권 제19호 2022. 07

펴낸곳 (주)에듀윌 펴낸이 권대호 출판총괄 김형석

개발책임 김기임, 윤은영 개발 심재은, 이지현 디자인 책임 김소진 디자인 장미례, 유은비

주소 서울시 구로구 디지털로34길 55 코오롱싸이언스밸리 2차 3층

대표번호 1600-6700 등록번호 제25100-2002-000052호

이렇게 합격했어요!

이/시/한/의

취준진담

취업을 **준**비하는 사람들을 위한 **진솔**하고 **담**백한 이야기

글쓴이 | 이시한(성신여대 겸임교수)

우리나라 취업시장의 10년 후의 변화는?

몇 년 전 합격했던 선배들의 합격수기를 바탕으로 취업을 준비하는 것은 상당히 위험한 일이 되었다. 사회의 변화가 매우 느리게 일어나서 채용의 기준들 역시 큰 변화가 없을 때는 선배들의 노하우가 꽤 도움이 되었지만, 지금은 채용의 구체적인 기준 자체가 사회 변화와 더불어 1년이 다르게 변하고 있기 때문이다. 전년도에 필요했던 인재가 이번 연도에도 똑같이 필요하리라는 보장이 없다. 그렇다면 10년 후의 우리나라 취업시장은 어떤 모습일까?

다이내믹한 취업시장의 변화

취업시장은 매우 다이내믹하게 변한다. 5년 전의 취업 성공 방법으로 지금 취업을 준비하면 성공하리라는 보장이 없다. 5년 전만 해도 취업 준비는 토익점수, 학점관리, 자격증 개수 등에 천착해서 준비하였으니, 토익이 중요한 평가지표일 때는 방학 때면 강남역 주변의 영어학원가로 대학생들이 몇만 명씩 몰려들곤 했다. 하지만 지금은 그 영어학원들이 공무원이나, 자격증 같은 다른 영역을 같이 하지 않으면 사업을 유지하기 힘들 정도로 영어의 영향력은 급격하게 사라지게 되었다.

원래 은행권 취업은 금융 자격증 3종 세트(증권투자상담사, 파생상품투자상담사, 투자자산운용가)라는 자격증을 취득해야 지원이라도 해 볼 수 있는 허들이 높은 채용이었다. 그런데 정치권에서 스펙초월이 강조되면서 하루아침에 은행권 취업 서류에서 자격증 쓰는 칸이 없어졌다. 전년도에 예고도 없이 말이다.

공기업 취업이 일반화된 것도 사실은 스펙초월, NCS채용 등의 기조가 뜨면서 같이 뜬 것이다. 원래 공기업 취업은 필기시험이 거의 고시급이었기 때문에 고시 준비하던 사람들이 같이 준비하던, 조금은 특수한 채용이었다. NCS 기반의 공기업 채용이 일반화된 것은 10년이 채 안 된다.

이런 상황에서 몇 년 전 합격했던 선배들의 합격수기를 바탕으로 취업을 준비하는 것은 상당히 위험한 일이 되었다. 사회의 변화가 매우 느리게 일어나서 채용의 기준들 역시 큰 변화가 없을 때는 선배들의 노하우가 꽤 도움이 되었지만, 지금은 채용의 구체적인 기준 자체가 사회 변화와 더불어 1년이 다르게 변하고 있기 때문이다. 전년도에 필요했던 인재가 이번 연도에도 똑같이 필요하리라는 보장이 없다.

수시채용을 넘어 상시채용으로

대기업 채용은 이제 수시채용으로 거의 바뀌었다. 중·소기업은 원래부터가 수시채용이었다. 수시채용은 '필요할 때 딱 필요한 인재'를 뽑는다는 것을 기조로 삼고 있는데, 채용을 준비해야 되는 사람의 입장에서 보자면 이 말에는 두 가지의 난점이 있다.

하나는 기업에서 '필요할 때'가 언제인지 취준생 입장에서는 모른다는 것이고, 다른 하나는 그 시기에 '필요한 인재'가 어떤 사람인지는 더더욱 모른다는 것이다.

어떤 기업에서 작년까지 해외사업을 하느라고 영어가능자를 많이 뽑았는데, 올해부터는 해외사업을 정리하기로 했다면 뽑는 인재의 기준이 작년과 달라질 수 있다. 즉 어떤 기업에서 필요한 인재가 어떤 인재인지는 그 기업이 그 해에 어떤 사업을 하기로 했는지에 따라 달라지는 것이다. 과거에는 한번 시작한 사업은 몇십 년을 지속했기 때문에 이 기준이 수시로 변하지는 않았으나 지금은 대기업들도 애자일 조직을 운영하는 등 급변하는 '뷰카(VUCA)' 경영환경에 맞춰 신속하게 결정하고 빠르게 움직인다. 아닌 것은 빠르게 포기하고, 뜨는 것은 신속하게 시도해 보는 것이다. LG가 휴대폰 사업을 포기하고 자동차 전장 사업을 할 것이라고는 상상도 못 했듯이, 급변하는 경영환경, 세계적인 경쟁, 눈부신 기술발전 속도 등은 LG 같은 대기업이라도 기존에 자리 잡은 사업을 한순간에 바꿔버리게 만든다. 이런 속도에 적응하지 못하면 생존하기 어려울 정도의 극한 환경이 지금의 경영환경이다.

당연히 인재 채용의 기준 역시 급변한다. 그러니 '필요할 때', '필요한 인재'라는 것은 취준생 측면에서 보자면 예측가능성이 전혀 없는 채용이라는 것이다. 그래서 앞으로의 채용은 수시를 넘어 상시채용으로 갈 수밖에 없다. 기업들 입장에서는 필요한 인력을 적재적소에 투입해서 속도에 대응해야 하는데, 수시채용이라고 해도 채용하는 데 3개월 이상이 걸린다. 수시채용이라고는 하지만 프로세스는 규모만 작았지 공채 프로세스를 따르다 보니, 사람을 뽑아 출근시키는 데까지 최대 반년이 걸리기도 한다.

이런 속도로는 지금의 경영환경 변화에 적응하지 못한다. 그래서 수시채용 다음에는 상시적으로 지원을 받아 자사의 인재풀을 만든 다음에, 필요한 때 인재풀 중 매칭이 되는 사람들에게 면접을 보러 오라고 해서, 그중에 몇 명을 뽑는 식으로 진행이 될 가능성이 크다.

데이터베이스로 구축된 인재 가운데 지금 필요한 기준에 맞춰 최고의 적합도를 가진 인재가 추천될 것이다.

바로 그런 역할을 해 줄 AI의 매칭 시스템은 날이 갈수록 고도화되고 있다. 지원자들은 자신이 관심 있는 기업에 자신의 이력을 계속 업데이트하면서 면접을 기다리게 될 것이다. 물론 그 사이에 아르바이트를 하거나 중·소기업에 취업을 할 수도 있지만, 면접 통보가 와서 취업이 되면 미련 없이 다니던 회사를 그만두고 이직을 하게 될 것이다. 이미 20대 청년들을 보면, 더 좋은 조건을 제시받는다면 언제든지 회사를 그만둘 수 있다는 인식이 자리잡고 있다.

채용으로 연결되는 빅블러 현상

빅블러(Big Blur) 현상은 산업 간의 경계가 흐려지는 현상을 말한다. 예를 들어 나이키는 제조업 회사이지만, 얼마 전에 NFT로 나이키 신발을 판매했다. 나이키라는 브랜드는 동일하지만 NFT는 디지털 파일이기 때문에 결과적으로 나이키는 IT회사가 된 셈이다. '직방', '다방' 등 부동산(Property)과 기술(Technology)이 합쳐진 프롭테크(Proptech) 회사가 등장하고, 밀가루를 만들던 곰표가 맥주나 굿즈를 만들기도 한다. 이런 것을 빅블러 현상이라고 하는데, 직무에서도 앞으로 빅블러 현상이 나타날 가능성이 크다.

≡ | 빅블러(Big Blur) 현상 ▾ | 🔍

빅블러(Big Blur)는 '경계융화가 일어나는 현상'을 의미한다. 좀 더 구체적인 정의는 '소비자 역할, 기업 관심사, 서비스 역할, 비즈니스모델, 산업 장벽, 경쟁 범위의 6가지 측면에서 동시다발적인 힘이 작용하며 생산자-소비자, 소기업-대기업, 온오프라인, 제품 서비스 간 경계융화를 중심으로 산업/업종 간 경계가 급속하게 사라지는 현상'을 뜻한다.

하나의 시대적 흐름으로 비즈니스영역에서 주요 경계가 사라지고 있으며 이에 따라 사는 자와 파는 자, 작은 것과 큰 것, 만질 수 있는 것과 없는 것(서비스와 제품, 오프라인과 온라인)의 경계에서 다양한 혁신의 새로운 흐름이 일어나고 있음을 일컫는 말로, 특히 최근 유통혁명, 금융혁명과 관련하여 빅블러를 주요한 현상 중 하나로 기업들이 받아들여 이에 대응하고 있다.

최초로 빅블러를 하나의 혁명으로 보고 언급하고 정의한 원전은 『당신이 알던 모든 경계가 사라진다(조용호 저, 2013년 출간, 미래의창)』이다. 이 책에서는 빅블러를 4차산업혁명 시대, 비즈니스모델 대충돌을 일으키는 현상이라는 맥락으로 설명하고 있다. 또한 과거와 빅블러 시대의 차이점을 아래처럼 소비자 역할, 기업 관심사, 서비스 역할, 비즈니스모델, 산업 장벽, 경쟁 범위의 6가지 측면에서 구분하여 분석하고 있다.

구분	과거	빅블러 시대
소비자 역할	상품 구매, 제한적인 기업 활동 보조	기업 활동의 주요 영역에 참여
기업 관심사	고객과의 거래	고객과의 지속적 관계
서비스 역할	고객서비스 창	지속 성장 모델
비즈니스모델	동일 시장, 유사한 가치 및 접근 방식	시장 재정의, 차별화된 가치 및 접근 방식
산업 장벽	고유 영역의 업무 존재	산업 간 경계 초월
경쟁 범위	단일 기업, 가치사슬 간	생태계 중심으로 확대

IT + 제조업   IT + 부동산   밀가루 + 주류 + 굿즈

최근에 마케터들은 새로 뜨는 최신 기술인 메타버스나 NFT를 어떻게 마케팅에 활용할지 연구 중이다. 현재 마케터들이 직면한 업무환경은 전통적인 마케터의 업무영역이라고 생각되는 것과는 거리가 있다. 회계 업무를 맡았다고 회계 관련 업무만 하는 시대가 아니라, 회계뿐만 아니라 영업 관련 일도 알고, 때로는 회계와 영업을 같이 수행해야 하는 시대이다. 앞으로는 AI로 인한 자동화 때문에 여러 직무들이 자동화로 전환될 수밖에 없다. 특히 단순반복으로 수행되는 업무들은 더더욱 그렇다. 그런데 그런 AI에 알고리듬을 설계하고 부여하는 것은 사람이 필요한 일이다. 그래서 시간이 지날수록 창의적이고 머리 쓰는 일들만 사람의 몫으로 남을 것이다. 그러려면 결국 직무적인 구분을 뛰어넘는 융합적 사고가 필요하다. 산업적으로도 직무적으로도 종합적인 이해가 있어야 종합적인 업무를 수행할 수 있기 때문이다.

그래서 인재를 뽑을 때도 벌써부터 종합적인 인재상이 선호되고 있다.

인문학적인 이해가 있는 개발자나. 코딩을 아는 기획자. 이렇게 설명만 들어도 탐나는 인재가 되어야 한다. 그래서 이미 사회에 진출한 직장인들 중 끊임없이 여러 분야를 공부하는 사람들이 많이 나타나고 있다. 독서모임이나 자기계발 모임이 갈수록 활성화되고 있는 이유이다. 위드 코로나 시대 이후에는 이렇게 관심사가 유사한 사람들이 모여서 커뮤니티를 형성하고 친분을 나누는 약한 연결의 모임들이 많이 생겨날 것이다. 채용을 준비해야 하는 취준생들도 한 분야만 파는 것이 아니라, 가능한 한 다양한 분야에 관심을 가지고 사회와 경제를 종합적으로 이해하며 미래를 준비해야 하겠다.

앞으로의 채용은?

앞으로의 채용은 정해진 틀 없이, 기업에서 필요 인원들을 갑자기 뽑게 되는 방식으로 진행될 것이다. 그리고 한 직장에 오래 있는 것보다 기회와 경험, 그리고 연봉과 복지에 맞춰 자유롭게 이직하는 분위기가 확산되어 경력직 채용도 많아질 수밖에 없다. 그래서 취준생과 직장인들의 구분이 딱히 없어지게 될 것이다. 즉 어떻게 보면 누구라도 다 취준생인 셈이다. 조금 더 눈높이가 높은 직장에 지원서를 내 놓은 상태가 될 것이니 말이다. 따라서 항구적인 자기계발이 이루어져야 한다.

그런 노력을 자신의 프로필과 레퍼런스를 업그레이드하는 데 써야 한다. 그리고 직무에 구애받지 말고 여러 관심 분야와 최신 기술, 그리고 늘 경제의 동향에 민감하게 주목하고 있어야 한다.

공기업 같은 경우, 공정성 측면으로 인해 필기시험 같은 객관적 테스트가 당분간 없어질 수는 없다. 하지만 장기적으로 볼 때 AI와 빅데이터, 그리고 알고리듬 기술이 발전하면 직무에 딱 맞는 지원자와 매칭해 주는 식으로 채용이 바뀔 것이다. 다만 알고리듬에 기반한 채용 프로세스에 대한 사회적 합의와 신뢰가 쌓일 때까지 시간이 걸릴 것이다.

지금 취업에 성공해서 직장에 들어가신 분들도 장기적으로는 AI에 의해 대체되는 인력이 되지 않으려면 자신의 직무에 끊임없이 기획이라는 면에서 생각하고 공부하고 발전하여야 한다. 예를 들어 회계 분야는 AI로 대체될 수 있으므로 지금의 직무적인 지식을 바탕으로 AI 시대가 되었을 때는 전문 컨설턴트로서의 역량을 키워야 한다. 이러한 역량을 바탕으로 어떤 식으로 알고리듬을 짜면 기업에 유리할 수 있을지 큰 틀을 설계하는 역할을 하고, 구체적인 수행은 AI가 하는 것이다.

취업에 너무 시달리다 보니까 꿈이 '취업'이 되어 버린 취준생들이 많다. 그러다 보니 취업에 성공하는 순간 꿈이 갑자기 사라지면서 몇 년간은 정신없이 일만 하다가 3~4년 후에 '현타'가 오게 되는 경우가 많다. 그게 직장인들이 입사한 지 오래되지 않아 퇴사를 꿈꾸게 되는 큰 이유이기도 하다. 하지만 우리 인생의 꿈은 보다 더 먼 곳에 있음을 반드시 잊지 말아야 할 것이다.

취업은 그 과정일 뿐이다.
취업에 성공해서 직무를 익히고, 산업의 경험을 쌓아서 그것들을 바탕으로 보다 큰 꿈을 펼치시길 바란다.

NCS 수리능력의 해법, 기초연산 이론

글쓴이 | 박지웅(에듀엔 대표)

현재 각종 공사·공단 필기시험은 NCS 직업기초능력평가로 출제되고 있는 만큼 그에 대한 충실한 준비가 필요하다. 많은 수험생이 NCS 직업기초능력평가의 기본이론보다 문제 풀이 위주로만 접근하는 경우가 많다. 하지만 NCS도 기본적인 이론을 토대로 하여 문제가 출제되는 만큼, 학습내용에 대한 정리가 일부 필요한 것이 사실이다. 이번 호에서는 수리능력, 문제해결능력, 자원관리능력에서 공통적으로 출제되고 있는 수리 파트에 대한 보다 근본적인 해법인 '기초연산 이론'의 세 가지에 대해 다뤄보고자 한다.

기초연산 이론은 끝수, 약수와 배수, 어림잡기의 세 가지로 나뉜다.

.1 ㅣ **끝수**

자릿수가 많은 큰 수를 계산할 때 주어진 조건의 상황에 따라 앞부분이나 뒷부분의 일부분만 계산하고 제시된 선택지의 끝수와 비교하여 답을 고르는 방법이다. 다음의 예제를 풀어보도록 하자.

> **예제 다음 식의 답을 구하시오.**
>
> $$234,876 + 38,392 = ?$$
>
> ① 273,168   ② 273,268   ③ 273,178   ④ 273,278   ⑤ 273,279

워낙 쉬운 계산이라 크게 고민할 문제는 아니지만 나중을 위해 면밀히 살펴볼 포인트가 있다. '끝수 활용'이라는 내용을 알고 난 직후에 풀게 되는 문제이니 아마도 두 수의 끝수인 6+2=8을 제일 먼저 보게 되고 선택지에서 정답을 고르려고 했을 것이다.

하지만 어떤가? 일의 자리 숫자가 8인 것은 ⑤를 제외하고 4개나 된다.

그럼 십의 자리 숫자까지 구하면 어떨까? 계산하면, 76+92=168이므로 끝 두 수는 68이 되는 것을 알 수 있다.

하지만 여전히 두 개가 남았다. 이제 세 자리 수로 계산해 보도록 하자.
876+392=1,268이므로 정답은 ②임을 알 수 있다. 극소수의 문제를 제외한 대부분은 위와 같이 끝 세 자리 수로 계산했을 때 정답이 나온다.

위와 같이 주어진 조건에 따라 어느 부분까지 계산할지를 정하지 않으면 시간이 오래 걸리게 되므로 반드시 선택지나 보기에서 힌트를 체크하는 것이 선행되어야 한다.

끝수 활용을 통해 정석적인 방법보다 쉽게 기출문제를 풀어보도록 하자.

기출문제 1

다음 [표]는 P판매점 전체 제품의 제품별 누적판매수량 및 부품단가에 관한 자료이다. 제품을 한 개만 더 판매하고 영업을 종료할 때, 총이익이 정확히 64,000원이 되려면 A~E 중 어느 제품을 판매해야 하는지 고르면?(단, 각 제품의 이익은 판매가에서 부품단가를 뺀 금액이다.)

[표] P판매점 제품별 누적판매수량 및 부품단가
(단위: 원, 개)

제품	판매가	누적 판매수량	부품별 사용여부				
			부품1 (단가: 200원)	부품2 (단가: 300원)	부품3 (단가: 100원)	부품4 (단가: 150원)	부품5 (단가: 250원)
A	3,000	5	사용	-	-	-	-
B	3,500	3	사용	사용	-	-	-
C	4,000	3	사용	사용	사용	-	-
D	4,000	2	사용	사용	-	사용	-
E	4,300	6	사용	사용	사용	-	사용

① A ② B ③ C ④ D ⑤ E

정석적 풀이

이익에 대한 질문이므로 판매가에서 모든 부품값을 뺀 금액을 구하면 다음과 같다.
A: 2,800원, B: 3,000원, C: 3,400원, D: 3,350원, E: 3,450원

이를 활용하여 현재까지의 이익과 64,000원과의 차이를 구하면 된다.
$64,000-\{(2,800×5)+(3,000×3)+(3,400×3)+(3,350×2)+(3,450×6)\}=3,400$(원)
따라서 이익이 3,400원인 C를 판매해야 한다.

끝수 풀이

64,000원을 완성하는 것이 목표이고, 각 제품 이익의 끝 세 자리 수가 다르므로 끝 세 자리 수만 계산하여 빠르게 정답에 도달할 수 있다.

A: 800원, B: 000원, C: 400원, D: 350원, E: 450원
이를 활용하여 현재까지의 이익과 64,000원과의 차이를 구하면 된다.
$000-\{(800×5)+(000×3)+(400×3)+(350×2)+(450×6)\}$ → $000-600$ → 400
따라서 이익의 끝 세 자리 수가 400인 C를 판매해야 한다.

기출문제 2

어느 코인 세탁소에서 사용하던 L사의 세탁기 32대 중 16대를 S사의 세탁기로 교체하려고 한다. 다음 [표]를 바탕으로 판단할 때, 세탁기 교체 후 1일 매출증가액은 얼마인지 고르면?

[표] 세탁기별 세탁 횟수와 매출액   (단위: 회, 원)

구분	1일 대당 세탁 횟수	회당 매출액
S사 세탁기	200	3,000
L사 세탁기	85	7,000

① 80,000원   ② 80,500원   ③ 81,500원   ④ 82,700원   ⑤ 83,300원

정석적 풀이

세탁기 교체 후의 증가한 매출액을 계산해야 하므로 S사, L사 각각의 16대에 대한 매출액의 차이를 계산해야 한다.
→ 1일 총매출액=1일 대당 세탁 횟수×회당 매출액×세탁기 대수

- S사: 200×3,000×16=9,600,000(원)
- L사: 85×7,000×16=9,520,000(원)

따라서 매출액은 9,600,000-9,520,000=80,000(원) 증가하였다.

끝수 풀이

회당 매출액이 천 원 단위이므로 백 원 단위는 답이 될 수 없다. 따라서 답은 ①이다.

정답 I ①

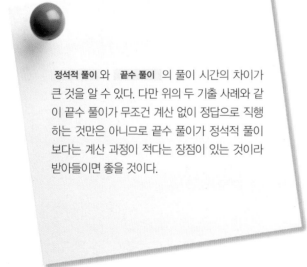

정석적 풀이 와 끝수 풀이 의 풀이 시간의 차이가 큰 것을 알 수 있다. 다만 위의 두 기출 사례와 같이 끝수 풀이가 무조건 계산 없이 정답으로 직행하는 것만은 아니므로 끝수 풀이가 정석적 풀이보다는 계산 과정이 적다는 장점이 있는 것이라 받아들이면 좋을 것이다.

2 | 약수와 배수

보통 우리가 끝수 한 자리를 쓴다고 한다면 그것을 10으로 나눈 수의 나머지로 판단하는 것이라 말하는 사람은 거의 없을 것이다. 약수와 배수를 사용한다는 것은 광범위한 진법의 표현 중 특정 n진법의 끝수를 찾는다는 것과 같다고 할 수 있다. 하지만 10진법으로 주어지는 모든 문제들을 매번 n진법으로 전환하는 것은 되레 시간을 더 끌게 하는 요인이 될 수 있으므로 진법의 논리 없이 구거법을 사용하는 것이 일반적이다. 구거법이란 각 자릿수의 합을 9로 나누었을 때의 나머지는 그 정수를 9로 나누었을 때의 나머지와 같다는 원리를 활용하는 방법이다. 끝수 활용법과 함께 적용하여 연산 전 결괏값을 '9m(9의 배수)+나머지'로 예측한 후 접근할 수 있고, 검산을 간략화할 수 있다.
다음의 예제를 통해 구거법을 이해해 보도록 하자.

예제 다음 식의 답을 구하시오.

$$3.4236 + 3.3338 - 0.2135 = ?$$

① 6.5339　　　② 6.5432　　　③ 6.5439　　　④ 6.5449　　　⑤ 6.6446

정석적 풀이

$3.4236 + 3.3338 - 0.2135 = 6.5439$

구거법 풀이

먼저, 끝 한 자리 수만 계산을 하면 다음과 같다.
$6 + 8 - 5 = 9$
따라서 정답의 끝 한 자리 수는 9임을 알 수 있다.
두 번째, 각 수를 9로 나눈 나머지를 산출하여 계산한다. 계산식에 구거법을 적용하여 자릿수의 합을 9로 나눈 값의 나머지를 구하여 계산식에 적용하면 다음과 같다.
$3.4236 \rightarrow 3+4+2+3+6 = 9 \times 2 + 0$
$3.3338 \rightarrow 3+3+3+3+8 = 9 \times 2 + 2$
$0.2135 \rightarrow 0+2+1+3+5 = 9 \times 1 + 2$
$0 + 2 - 2 = 0$
따라서 자릿수의 합을 9로 나눈 값의 나머지가 0인 수, 즉 9의 배수가 답이 된다. 끝 한 자리 수가 9가 아닌 ②, ⑤를 제외하고 계산하면 다음과 같다.
① 6.5339 $\rightarrow 6+5+3+3+9 = 9 \times 2 + 8$
③ 6.5439 $\rightarrow 6+5+4+3+9 = 9 \times 3 + 0$
④ 6.5449 $\rightarrow 6+5+4+4+9 = 9 \times 3 + 1$
나머지가 0인 수는 6.5439이므로 답은 ③이다.

물론 이 예제에서는 쉬운 문제를 어렵게 돌아가는 느낌을 받았겠지만 훨씬 더 긴 연산을 요구하는 문제에서 활용하면 **정석적 풀이** 보다 풀이 시간을 단축할 수 있기 때문에 알아둘 필요가 있다.

3 | 어림잡기

어림잡기 또한 매우 광범위한 방법들을 통틀어 얘기하는 것이지만 대체로 수리 파트에서의 어림잡기라 하면 10의 보수나 비율(%)을 활용하여 곱하는 두 수의 자릿수별 곱셈을 최소화하여 연산 시간을 단축하는 방법을 많이 사용하므로 이에 대해서 파악할 필요가 있다. 어림잡기는 암산을 전제로 하는 계산이기 때문에 필기를 통한 어림잡기 연습은 실전에서 큰 파급력이 없다. 최대한 암산을 통해 결과를 도출하는 연습이 필요하다. 다음의 예시를 보며 암산을 연습해 보자.

보수 예시 1　27×48=27×(50-2)=27×50-54
　　　　　　　　=27×50-50-4=1,350-50-4
　　　　　　　　=1,300-4
　　　　　　　　=1,296

보수 예시 2　36×22=36×(20+2)=36×20+36×2
　　　　　　　　=720+72
　　　　　　　　=792

비율 예시 1　331×241 → (300에 약 10% 추가)×(200에 약 20% 추가)
　　　　　　　　≒300×200×1.1×1.2 → 60,000에 32% 추가
　　　　　　　　≒80,000

비율 예시 2　**661×112 vs 632×123**

　　　• 661×112 → (600에 약 10% 추가)×(100에 12% 추가)
　　　　≒600×100×1.1×1.12 → 60,000에 약 23% 추가
　　　　≒73,800
　　　• 632×123 → (600에 약 5% 추가)×(100에 23% 추가)
　　　　≒600×100×1.05×1.23 → 60,000에 약 29% 추가 → 60,000+(18,000보다 조금 적게)
　　　　≒77,400
　　　∴ 661×112 < 632×123

수험자의 연산 능력에 따라 보수의 개념을 활용할지 비율의 개념을 활용할지가 달라진다. 어림잡기를 최대한 많이 연습하여 문제풀이에 즉각적으로 적용할 수 있도록 해야 한다.

이렇게 총 세 가지의 기초연산 이론에 대해 정리를 해 보았다. 만약 우리가 위에서 언급한 끝수, 약수와 배수, 어림잡기 중 어떤 것을 활용할 수 있는 문제인지 판단하는 데에 상당한 시간이 걸린다거나 그런 판단 능력이 매우 미약할 경우, 혹은 아직 길러지지 않았는데 시험이 코앞일 경우 어떻게 하는 것이 좋을까? 소위 말하는 '무지성'으로 바로 계산에 뛰어들고 싶다면 '세 자릿수 연산'부터 해보는 것을 추천한다. 물론 곱하기와 나누기의 경우 앞 세 자릿수를 추천하는 편이고 더하기와 빼기의 경우 뒤 세 자릿수를 추천한다. 다음의 기출문제를 세 자릿수 연산으로 해결해 보자.

기출문제

다음 [표]는 우리나라 지역별 수출입 현황에 관한 자료이다. 이를 바탕으로 2020년 대(對)중국 흑자 규모를 고르면?

[표] 우리나라 지역별 수출입 현황   (단위: 백만 달러)

구분	수출액		수입액	
	2019년	2020년	2019년	2020년
중국	89,321.80	120,324.50	52,349.90	69,283.10
남미	24,231.20	30,613.10	13,069.40	16,417.00
기타	38,660.90	53,419.90	39,472.50	54,509.90
EU	49,629.10	54,194.00	32,286.20	39,252.10
일본	23,030.00	28,926.20	47,943.70	62,665.50
중동	24,763.50	27,524.10	61,241.50	79,569.30
북미	68,859.90	95,514.00	44,686.10	59,492.10
영국	39,693.30	53,771.10	29,274.50	41,194.20
총계	358,189.70	464,286.90	320,323.80	422,383.20

※ 흑자 규모=수출액−수입액

① 51,014.40   ② 51,041.40   ③ 52,131.00   ④ 52,361.30   ⑤ 52,511.40

2020년 중국에 대한 흑자 규모이므로 수출액 120,324.50백만 달러에서 수입액 69,283.10백만 달러를 빼면 된다. 결과는 51,041.40백만 달러이다. 뺄셈(−)만으로 구성된 식이므로 끝 세 자리 수만을 도출하여 정답을 고르는 것도 가능하다.

245 − 831 → 414

정답 | ②

> 천 명의 합격자가 있다면
> 천 가지의 공부법이 존재한다는 얘기가 있다.
>
> 그만큼 취준생 각자에게 알맞은 공부법은 다르다는 얘기이다.
> 하지만 그 다름을 만들어 내려면 기초가 탄탄해야만
> 가능하다는 것을 잊지 않아야 할 것이다.

2023년 공공기관 채용 변화 맞춤형 대비 전략

글쓴이 | 윤성훈(유어스잡 대표)

공공기관의 채용은 매년 정부의 기조에 따라 해당 규모와 방식이 정해지는 것이 일반적이다. 지난 몇 년간 코로나19로 인해 비정상적인 채용방식으로 진행할 수밖에 없었던 공공기관의 채용은 위드코로나와 새로운 정부의 등장으로 새롭게 변화하게 될 것이다. 2022년 하반기 이후부터 2023년에 본격적으로 이어질 공공기관의 채용 변화에 대해 미리 준비하지 않으면 노력이 성과로 이어지는 효율성에서 손해를 볼 수밖에 없는 시점이다. 이에 앞으로 이어질 공공기관 채용에 대해 예측하고 사전준비를 하는 것이 중요하다.

2023년 공공기관 채용 트렌드 주요 변화

① 통합채용

통합채용은 꽤 오래전부터 대두가 되었던 이슈이다. 이전 정부에서도 시도하려는 노력은 있었으나, 코로나19로 인해 무산되었던 방식이기도 하다. 작년부터 지방자치단체 산하 공공기관을 중심으로 통합채용이 부활하였다. 올해 역시 대부분의 지방공공기관이 통합채용을 진행하고 있으며, 내년에는 정부가 운영하는 공공기관으로 확대될 조짐이다. 통합채용을 하게 되면 비슷한 속성의 공공기관이 동일한 시점에 채용공고를 올리고 해당 프로세스가 진행되게 된다. 즉 "금융 관련", "SOC 관련", "에너지 관련", "보건의료 관련" 등으로 공공기관이 분류되고 관련 공공기관들이 동시에 채용을 진행하는 구조를 보이게 된다. 다시 말해 한국철도공사, 한국토지주택공사, 한국수자원공사 같은 SOC 관련 공공기관들이 같은 시점에 채용을 진행하게 된다는 것이다.

통합채용을 하게 되면 몇 가지 변화가 보일 수밖에 없는데, 확실한 것은 두 가지로 정리될 수 있다.

변화 1	변화 2
PSAT형 직업기초능력평가에서 모듈형 직업기초능력평가로의 변화	채용인력의 감소

공공기관의 입장에서 1명의 인원을 뽑기 위해 채용공고를 올리고 채용대행을 의뢰하는 것은 비현실적인 비용 낭비가 있을 수밖에 없었다. 따라서 어느 일정 수준의 인력이 필요한 경우 채용을 하거나, 아니면 미리 인력을 충원해 두는 경우가 많았다. 하지만 통합채용은 공동으로 채용이 진행되다 보니 적은 인력을 뽑아도 기관의 입장에서 낭비를 줄일 수 있게 된다. 현재의 지방공공기관 채용이 그러한 모습으로 흘러가고 있다. 따라서 채용인원이 어느 정도는 줄어들게 되지만 모든 취준생이 모든 기관에 지원을 하는 것은 현실적으로 쉽지 않기에 수험생들의 체감은 덜할 수 있다.

공공기관 채용에서 NCS 직업기초능력평가는 가장 치열한 경쟁이 이루어지는 지점이다. 현재의 지방 공공기관 채용에서는 모듈형과 피듈형 문제가 출제되고 있는데, 통합채용으로 구조가 변화하게 되면 대부분의 시험이 모듈형으로 변하게 될 가능성이 높다. 동시에 여러 기관이 공유하여 시험을 운영할 수 있는 방식이 모듈형이기 때문이다. 이에 직업기초능력평가의 변별력이 기존보다 낮아질 가능성이 높다.

[경기도 공공기관 통합채용]

※ 채용 공고문은 경기도 공공기관 통합채용 홈페이지(http://gg.saramin.co.kr)에서 확인할 수 있다.

[부산광역시 공공기관 통합채용]

※ 채용 공고문은 부산광역시 공공기관 통합채용 홈페이지(http://busan.saramin.co.kr)에서 확인할 수 있다.

[대전광역시 공공기관 통합채용]

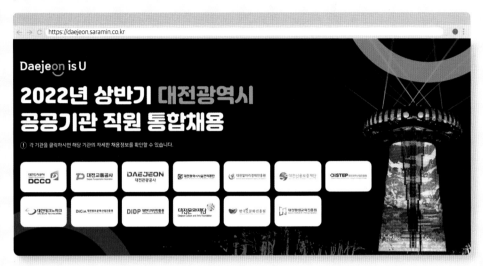

※ 채용 공고문은 대전광역시 공공기관 통합채용 홈페이지(http://daejeon.saramin.co.kr)에서 확인할 수 있다.

경기도, 부산광역시, 대전광역시 외에도
화성시, 고양시, 용인시, 거제시, 성남시 등에서
통합채용을 시행하고 있다. 통합채용은 중복 접수가 불가한
1인 1기관 1분야 지원이므로 미리 기관을 선택하여
준비하는 것이 중요하다.

② 전공시험의 강화

채용의 공정성을 유지하는 과정에서 가장 합리적인 방법은 시험을 보는 것이다. 개인의 주관적인 판단이 배제될 수 있기 때문이다. 통합채용이 늘어나면서 모듈형 문제가 주류가 되면 상대적으로 변별력은 줄어들게 된다. 이에 전공시험의 비중이 강화되고 채용에서의 변별력이 유지될 전망이다. 문제의 난도도 높아지게 되고 배점의 비중도 커지게 될 것이다. 공공기관의 취업을 준비하는 취준생의 입장에서는 특정 분야에 대한 전공공부의 학습량을 늘리는 것이 다가올 공공기관 채용에서 유리할 수밖에 없다. 이는 일정부분 과거로의 회귀를 의미하게 되는데, 논술형 시험이 늘어나고 AI면접 같은 새로운 평가도구를 도입하면서 NCS 채용의 취지는 유지하려 노력할 것이다.

③ 체험형 인턴의 감소

공공기관이 일정 수준 이상의 채용을 유지하기 위해 선택한 방법 중 하나는 체험형 인턴의 확대이다. 필자 역시 체험형 인턴 면접관과 체험형 인턴 교육에 강의를 몇 번 다녀왔는데, 공공기관의 입장에서는 체험형 인턴을 위해 들어가는 비용이 부담스러울 수밖에 없다. 채용비용에 급여와 여러 제반 비용들을 생각하면 몇백 명의 인턴은 기관에 따라 반강제적으로 진행한 경우도 있을 것이다. 정부의 지침에 따라 달라질 수도 있지만 앞으로는 비용이나 여러 이유로 인해 해당 부분의 예산이 줄어들 가능성이 높다. 따라서 인턴이라는 소중한 스펙을 계획에 두고 있는 취준생이라면 올해 안에 관련 스펙을 획득하는 것이 유리하다. 또한 계약직과 공무직 관련 채용도 줄어들 전망이라 해당 부분 역시 미리 대안을 준비하는 것이 좋다.

공공기관의 채용은 정부의 기조와 지침에 따라 기민하게 변화를 해 왔다. 취준생의 입장에서는 과도기에 취업준비를 하는 것이 불편한 상황일 수도 있겠지만 잘 준비한다면 기회가 될 수도 있다. 앞으로의 채용에 대비한다면 다음과 같이 준비의 몇 가지 포인트를 잡을 수 있다.

무분별한 스펙쌓기보다는 맞춤형 취업준비를 한다면 다가올 2023년 공공기관 채용에서 좋은 결과를 낼 수 있을 것이다.

AI면접 및 자소서를 대비한 직무기술서와 경험 매칭

기본적인 스펙준비가 완성된다면 이후에 특별한 무언가가 더해져야 한다. 특히 공공기관의 채용 특성상 직무기술서가 제공되기에 AI면접과 자소서를 대비해 경험과 직무키워드를 매칭시키는 것이 중요하다. 직무기술서상에 제시된 [지식], [기술], [태도]는 향후 자소서를 작성하는 과정에 있어서 내가 가지고 있어야 할 역량에 해당된다. 자소서의 주 목적이 역량(Keyword)을 제시하는 것에 있기에, 사전에 제시할 키워드를 직무기술서와 일치시켜 둔다면 서류통과의 확률이 높아진다.

> "조별과제 이야기로 자소서를 작성한다면?"

조별과제 이야기로 자소서를 작성하는 데 있어서 제시할 수 있는 역량은 매우 다양한 곳에서 발견된다. 사전에 가져갈 스토리가 정해졌다면 다음과 같이 역량이 추출될 수 있다.

[스토리 내 키워드 추출]

조별과제 과정에서 추출할 수 있는 역량 Keyword		
❶ 조별과제의 주제 설정	▶	기획력, 발상의 전환
❷ 업무분장 및 팀 운영방향 설정	▶	조율, 리더십, 기준제시
❸ 자료조사 및 분석	▶	분석력
❹ 과제물 작성 및 프레젠테이션	▶	추진력, 솔선수범
❺ 전체 조별과제 운영과정	▶	소통, 협업, 포용력

조별과제의 주제를 설정하고 고민하는 과정에서는 제안서를 그리는 '기획력'이나 전에 없는 '발상의 전환' 등을 역량으로 선정하는 것이 가능하다. 일반적인 기업 자소서를 작성한다고 가정하면 문제가 없어 보이지만 공공기관 자소서의 경우 '직무기술서'의 키워드 중심으로 바꿔주는 것이 좋다.

직무기술서_직무수행태도

- 업무규정 및 일정계획 준수
- 원활한 의사소통 태도
- 적극적인 정보 수집 자세
- 논리적/분석적/객관적 사고
- 고객서비스 지향

- 정보보안 중시
- 적극적인 협업 태도
- 윤리의식
- 보안의식
- 안전의식

스토리를 통해 직관적으로 추출한 키워드는 직무기술서와 매칭이 잘 되지 않는다. 따라서 직무기술서의 직무수행태도를 참고하여 추출된 역량을 바꿔주는 것이 효과적이다.

[직무기술서 기반 키워드 추출]

조별과제 과정에서 추출할 수 있는 역량	Keyword
❶ 조별과제의 주제 설정 ▶	고객서비스 지향
❷ 업무분장 및 팀 운영방향 설정 ▶	원활한 의사소통 태도 업무규정 및 일정계획 준수
❸ 자료조사 및 분석 ▶	적극적인 정보 수집 자세 논리적/분석적/객관적 사고
❹ 과제물 작성 및 프레젠테이션 ▶	논리적/분석적/객관적 사고 고객서비스 지향
❺ 전체 조별과제 운영과정 ▶	적극적인 협업 태도 업무규정 및 일정계획 준수

직무기술서를 기반으로 나의 경험을 역량으로 바꿔주는 사전작업과 연습이 진행된다면 앞으로 자소서에서 면접까지 기관이 가지고 있는 키워드를 중심으로 채용 프로세스에 참여할 수 있게 된다. 당연히 불확실한 평가방법에 대한 대응도 가능하고, 충분히 설득력 있는 글과 말을 만들어 내게 되는 이점을 가질 수 있다. 또한 수만 명이 지원하는 서류전형과 AI면접에서 평가위원이 모든 것을 평가한다는 것은 불가능하기에 채용대행사가 구성해 놓은 프로그램에 맞서서 결과를 만들어 낼 수 있는 경쟁력을 가지게 되는 것이다.

즉 두괄식 첫 문장의 시작이 "고객의 입장에서 생각하는 기획력으로 좋은 성과를 낸 적이 있습니다"가 아닌 "고객서비스를 지향하는 분석적 사고로 좋은 성과를 낸 적이 있습니다"가 더 높은 합격의 확률을 가진다는 것이다.

2023 채용 트렌드에
딱 맞는 자기소개서와 면접을
준비하고 싶다면?

에듀윌 공기업 실제 면접관이 말하는
NCS 자소서와 면접_인문·상경계
사무, 행정, 금융

에듀윌 공기업 실제 면접관이 말하는
NCS 자소서와 면접_이공계
전기, 기계, ICT, 전기전자, 전기통신,
IT, 전산, 건축, 토목, 화학

2023 채용 트렌드에 딱 맞는 자기소개서 작성법과 면접 대비법을 알고 싶다면 학습자의 지원 직렬에 특화된 『에듀윌 공기업 실제 면접관이 말하는 NCS 자소서와 면접_인문 · 상경계/이공계』 교재를 추천한다.

공공 기관/금융 기관 공채 외부 면접관 출신의 저자가 집필한 교재를 통해 실제 면접관만이 알 수 있는 기업 및 기관 입장에서의 채용 방식에 대한 설명과 기업별 합격 자기소개서 사례를 통한 1:1 밀착 코칭으로 합격에 더욱 가까워지는 자기소개서를 작성할 수 있다. 또한 자기소개서의 면접 활용방안 및 1분 자기소개를 포함한 다양한 면접 유형 공략법을 통해 면접 전형까지 완벽히 대비할 수 있어, 경쟁자들보다 수월한 취업 준비를 약속한다.

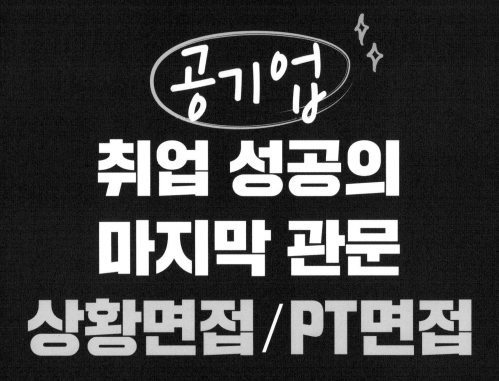

취업 성공의 마지막 관문 상황면접 / PT면접

글쓴이 | 윤장섭(H&C직무인증원 대표이사)

100 대 1에 가까운 공기업의 높은 취업 경쟁률을 넘어야 하는 취업 준비생 입장에서 면접 전형을 앞두고 있다면 이제 취업 성공의 8부 능선을 넘었다고 할 수 있다. 서류, 필기, 면접 세 가지 전형 중 가장 경쟁률이 높은 필기 전형을 통과했다면 평균 2 대 1에서 3 대 1의 비교적 낮은 경쟁률의 면접 전형을 효과적으로 준비하여 최종 목표 인 취업에 성공할 수 있을 것이다.

NCS기반 직무 중심 채용을 지향하는 공기업에서는 채용 과정에서 지원자의 직무 역량을 평가하기 위한 다양한 방법들을 지속적으로 개발하고 있다. 특히 공기업 면접 전형에서의 경험, 상황, PT, 토론 면접은 실제 업무에서 발생할 수 있는 다양한 이슈에 대해 지원자가 효과적으로 대응할 수 있는지를 평가하는 방식으로 운영되고 있다. 이번 호에서는 앞에서 이야기한 4가지 면접 유형 중 상황면접과 PT 면접(발표면접)에 대한 대응 방법을 알아보도록 하겠다.

상황면접 준비하기

상황면접은 공기업을 대표하는 4가지 면접 유형 중 하나이며, 직무수행 중 발생할 수 있는 이슈에 대한 지원자의 대처 능력을 평가하는 실무형 상황면접과 직장 생활에서 동료, 상사와 함께 일하면서 발생할 수 있는 대인관계나 도덕성을 평가하는 인성평가형 상황면접으로 구분할 수 있다.

인성평가형 상황면접은 과거부터 여러 기업에서 활용했던 유형으로 '동료와의 의견 차이로 인한 갈등 해결', '상사의 부당한 업무 지시에 대한 대응' 등에 대해 질문하고 지원자의 대처 방안을 확인하여 가치관이나 성향 등을 확인하는 목적으로 활용되고 있다.

하지만 공기업의 상황면접은 실무형으로 진행되는 경우가 더 많다. 사무행정 직무의 경우 '고객의 민원이 발생한 상황에서 실무자로서 어떻게 대응할 것인가?', '특정 사업 운영과 관련해서 기획서를 작성하기 위해 시장조사를 해야 하는 상황에서 어떤 방식으로 처리할 것인가?' 등의 실무 상황을 예시로 들고 대응방법을 답해야 하는 형식으로 진행된다. 기술 직무의 경우 설비나 기기의 고장 발생, 시스템 오류 발생 등 문제 상황을 제시하고 어떻게 대응할 것인지 기술적 관점에서 해결 방안을 설명해야 하는 방식으로 진행되는 경우도 있다.

따라서 상황면접을 효과적으로 대비하기 위해서는 사전에 철저한 직무분석을 통해 지원 직무에 대한 이해 수준을 높여야 한다. 지원 기업의 직무기술서 내용 중 업무수행내용, 필요 지식, 필요 기술, 업무수행태도 등을 꼼꼼히 확인하는 것이 중요하다.

사무행정 직무 | **상황면접 질문 예시**

능력단위 사무행정 업무관리

정의 내·외부 업무 협력 요청사항을 접수하고, 내부의 원활한 업무 진행을 위해 구성원들을 지원하는 능력이다.

주 질문

A. 당신은 사무실의 행정업무를 관리하던 중 거래처로부터 업무를 접수받았습니다. 이 업무에 대해 당신의 상사에게 보고해야 하는 경우, 어떻게 보고하시겠습니까?

B. 이번 출장에서 사용하였던 경비를 내역으로 작성해야 합니다. 여기에 필수적으로 들어가야 하는 사항은 무엇이 있다고 생각하십니까?

C. 요청받은 업무에 수정사항이 발생한 경우 관련 업무 담당자에게 어떻게 지시를 내리시겠습니까?

D. 부서의 월별 일정에 차질이 생겼습니다. 어떻게 수정을 해야 된다고 생각하십니까?

세부 질문

상황 및 과제	행동	결과
• 현재 상황에서의 핵심적인 과제(문제)는 무엇이라고 생각하십니까?	• 그렇게 조치/선택한 이유는 무엇입니까?	• 그렇게 생각한 이유는 무엇입니까?

기술(전기) 직무 | 상황면접 질문 예시

능력단위 수변전설비 설계

정의 수전지점에서 전력을 수전하고 변전설비에서 전압을 변성하여 배전반까지 전력을 공급하는 설비를 설계하는 능력이다.

주 질문

A. 당신은 현장의 전기설비설계 담당자입니다. 어느 수용가의 전체 부하를 담당하는 변압기 용량을 설계할 때 과도하지 않은 최적의 용량을 선정하기 위해서는 어떠한 사항을 검토해야 할지 말씀해 주시기 바랍니다.

B. 당신은 수변전설비를 설계하기 위해 변압기와 개폐기, 차단장치 등을 선정하려고 합니다. 어떠한 사항에 초점을 맞추어 선정을 할 것인지 말씀해 주시기 바랍니다.

C. 건설현장에서 수변전설비를 설계하는 담당자로서 전력계통이 유효접지계통인 경우, 변압기 제작비용을 절감하기 위해 변압기 절연 측면에서 어떠한 제작방법을 활용할 것인지 말씀해 주시기 바랍니다.

D. 당신은 수변전실의 면적을 추정해야 하는 담당자입니다. 면적을 계산하기 전 고려해야 할 사항에 대해 수변전실의 면적에 영향을 주는 요소를 중심으로 말씀해 주시기 바랍니다.

세부 질문

상황 및 과제	행동	결과
• 현재 상황에서 핵심적인 과제는 무엇이라고 생각하십니까? • 가장 우선적으로 해결해야 하는 과제는 무엇입니까?	• 과제를 수행하기 위한 조치(행동)를 순서대로 말씀해 주십시오. • 가장 중요하게 고려해야 할 요소는 무엇입니까? 그렇게 판단한 이유는 무엇입니까? • 과제를 수행하는 과정에서 발생할 수 있는 문제는 무엇입니까?	• 행동의 결과는 어떠할 것이라고 예상하십니까? • 이런 상황이 다시 발생할 수 있다면 무엇을 대비해야 한다고 생각하십니까?

직무분석 이후에는 지원 기업의 주요 사업 현황을 파악하는 것이 중요하다. 주요 사업과 관련된 서비스나 기술 및 시스템 현황을 우선 파악한 후 서비스 수행 과정에서 발생한 고객 주요 문의 사항들을 확인하는 것이 효과적이다.

이를 위해서는 지원 기업의 홈페이지에서 주요 사업 현황을 확인하는 것과 동시에 고객센터에서 관련 내용을 파악해야 한다. 또한 보다 구체적인 내용을 확인하기 위해서는 '공공기관 경영정보시스템(알리오: www.alio.go.kr)'에서 '경영실적평가결과', '연구보고서' 내용 등을 확인하여 기업의 사업 현황을 파악한다.

●주요 사업 현황 및 고객센터 문의 사항 확인(한국철도공사 홈페이지)

● 경영실적평가결과 및 연구보고서(알리오)

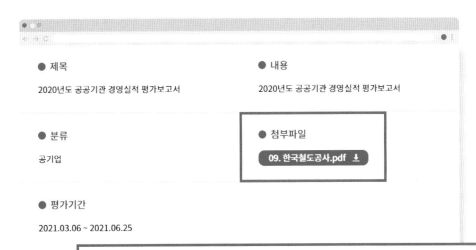

● 제목

2020년도 공공기관 경영실적 평가보고서

● 내용

2020년도 공공기관 경영실적 평가보고서

● 분류

공기업

● 첨부파일

09. 한국철도공사.pdf ↓

● 평가기간

2021.03.06 ~ 2021.06.25

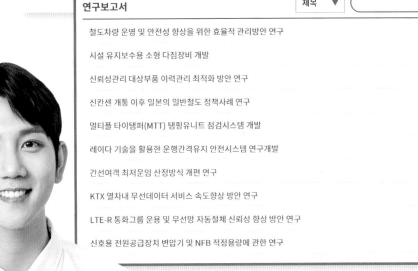

연구보고서	제목 ▼ 🔍
철도차량 운영 및 안전성 향상을 위한 효율적 관리방안 연구	2022.05.20 >
시설 유지보수용 소형 다짐장비 개발	2022.05.10 >
신뢰성관리 대상부품 이력관리 최적화 방안 연구	2022.04.04 >
신칸센 개통 이후 일본의 일반철도 정책사례 연구	2022.01.26 >
멀티플 타이탬퍼(MTT) 탬핑유니트 점검시스템 개발	2022.01.03 >
레이다 기술을 활용한 운행간격유지 안전시스템 연구개발	2022.01.03 >
간선여객 최저운임 산정방식 개편 연구	2022.01.03 >
KTX 열차내 무선데이터 서비스 속도향상 방안 연구	2021.12.27 >
LTE-R 통화그룹 운용 및 무선망 자동절체 신뢰성 향상 방안 연구	2021.12.27 >
신호용 전원공급장치 변압기 및 NFB 적정용량에 관한 연구	2021.12.27 >

상황면접 전 직무분석과 기업분석이 철저히 선행되었다면 실제 면접에서는 제시된 상황에 대해 주요 문제점과 원인을 파악하고 이를 해결하기 위한 방법을 설명해야 한다. 해결 방안은 자신이 기존에 학습한 이론적 지식과 방법론을 기반으로 설명하고 관련 경험이 있다면 사례를 들어 추가 설명을 진행하여 면접관에게 답변에 대한 신뢰를 얻어야 한다.

PT면접(발표면접) 준비하기

대부분의 면접이 다수의 면접관과 다수의 지원자가 존재하는 '多:多' 형태로 진행되는 반면, PT면접은 지원자 한 명이 다수의 면접관을 상대해야 하는 면접이다.

'1:多' 형태로 진행되는 PT면접의 특성상 다른 면접에 비해 운영 과정에서 지연시간이 많이 발생할 수 있다. 따라서 발표시간 내에 발표해야 하는 것이 중요하고 자신의 주장보다는 주어진 자료를 기반으로 발표하는 것이 중요하다.

PT면접은 면접 대기실에서 주제가 발표되면 40~60분 정도 부여되는 발표 준비시간에 자료를 작성하고 순서에 따라 면접장에 입장하여 5분 내외로 발표 후 면접관의 질의응답 시간을 갖게 된다.

주제는 직무와 관련된 업무 상황을 제시하는 경우가 많다. 사업 운영과 관련된 기획안 또는 계획서를 작성하거나 업무 활용에 필요한 자료 정리 및 분석 등과 관련된 문서를 작성하고 발표하는 형태로 주로 진행된다.

주제가 상황면접과 유사하다고 생각할 수 있지만 업무 중 발생한 문제 상황에 대한 대처 방안을 설명하는 형태가 상황면접이라면 PT면접은 업무 관련 문서를 작성하여 발표하는 형식으로 차이가 있다.

사무행정 직무 │ PT면접 질문 예시

지시문 당신은 ㈜최고기술에 올해 초 입사한 총무담당자이다. 우리 회사는 LED액정 관리 기술을 보유한 2,000여 명이 근무하고 있으며, 당신은 사내행사·복지 등을 담당하면서 사내 보안업무도 담당하고 있다. 금일 오후, 팀장님으로부터 긴급 연락이 왔다. 협력회사인 K전자로부터 보안강화를 요구하는 메일이 전달된 것이다. 팀장님은 K전자로부터 전달받은 메일 내용을 기초로 '보안계획수립' 작성을 당신에게 지시하였으며 해당 방안에는 보안관리업체 선정에 관한 내용도 포함되어야 한다.

배경자료 K전자로부터 팀장님이 수신한 메일 내용

`https://mail.choigo.com`

제목: 협력사 보안강화 요청의 건

㈜최고기술 팀장님께,

1. ㈜최고기술은 K전자의 우수 협력사로 많은 기여를 해 주심에 늘 감사드립니다.
2. 저희 협력사 중 한 곳에서 기술 유출 사건이 발생하였습니다. 'D협력사 연구자 원천기술 유출 사건'에서 파악하셨듯이 경쟁사에 핵심기술이 유출되어, 향후 우리 상품에 큰 피해가 예상됩니다. 이에 따라 기술보안을 강화할 것을 요청드리는 바입니다.
3. 핵심기술 유출을 방지할 수 있게 출입관리, 보안의식 강화 등 인적 보안, 각종 시설 보안, 컴퓨터 및 자료관리 등 IT차원의 보안은 반드시 부탁드립니다.
4. 별도의 보안관리 전문업체를 선정하셔서 특정영역은 위탁하셔도 됩니다.
5. 일주일 후에 보안관리 방안에 대한 회의를 실시할 예정이니 참여하셔서 같이 협의 부탁드립니다.

K전자 보안책임자 이자출 드림

[추신]: 보안이라는 것은 단순히 핵심기술 보호 및 유출 방지만을 의미하지는 않습니다. 보다 종합적인 시각에서 검토 부탁드립니다.

기술(전기) 직무 | PT면접 질문 예시

지시문 당신은 P사의 감리행정업무 실무자이다. 팀장으로부터 최근 수주한 OOO전력 시설물 공사의 착공신고 관련 자료를 검토하고 전반적인 공사관리 계획이 적절한지 정리하여 팀 회의에서 발표하라는 지시를 받았다. 계약부서로부터 받은 착공신고 관련 자료는 자료①, ②이며, 팀장에게 공사관리 계획의 적정성에 대해 보고하기 위해서는 감리행정업무에 추가적으로 필요한 자료와 해당 자료에 포함되어야 하는 내용을 정리하여 계약부서에 요청하여야 한다. 당신에게 남은 시간은 1시간이다. 자료의 완성도는 중요하지 않다. 제시된 자료를 검토하고 어떠한 자료를 추가로 요청해야 하는지 정리하여 발표하시오.

배경자료 착공신고서 내용

[계약부서로부터 받은 착공신고 관련 자료]

[자료❶]

	품질 관리 계획 작성 기준	만족	보완 지시	조치 확인
1	건설 공사 정보	O		
2	현장 품질 방침 및 품질 목표	O		
3	책임 및 권한	O		
4	문서 관리	O		
5	기록 관리	O		
6	자원 관리	O		
7	설계 관리	해당없음		
8	건설 공사 수행 준비	O		
9	계약 변경	해당없음		
10	교육 훈련	O		
11	의사소통	O		
12	기자재 구매 관리	O		
13	지급 자재의 관리	O		
14	식별 및 추적	O		
15	공사 관리	O		
16	중점 품질 관리	O		
17	기자재 및 공사 목적물의 보존 관리	O		
18	하도급 관리	O	일괄하도급 불가 작업자 교육 미비	부분하도급 예정 작업자 교육내용 추가
19	검사 장비, 측정 장비 및 시험 장비의 관리		특고압용 검전기 1,000V 메가 추가	현장 비치 예정
20	검사 및 시험, 모니터링	O		
21	부적합 공사의 관리	O		
22	데이터의 분석	O		
23	시정 조치 및 예방 조치	O		
24	자체 품질 점검	O		
25	건설 공사 운영성과의 검토	O		
26	공사 준공 및 인계		시운전 일정 세부적 작성	기기별 및 종합 시운전 일정 확보

[자료❷]

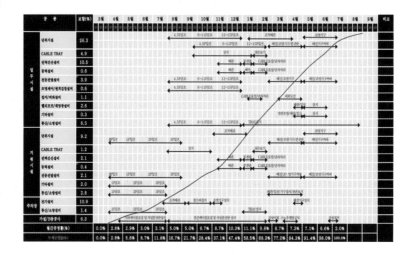

지원자 입장에서 주어진 주제와 자료를 바탕으로 짧은 시간에 발표자료를 만들고 발표 준비까지 해야 하기 때문에 부담을 많이 받게 된다. PT면접에 효과적으로 대응하기 위해서는 3단계로 구분하여 시간을 배분하는 것이 효과적이다.

● PT면접 준비 단계별 시간배분

실제 면접에서 많은 지원자들이 자료를 작성하는 것에 초점을 맞추고 자료작성에 집중하는 경향이 있다. 그러다 보니 발표 연습에 주어진 시간을 투자하지 않는 경우들이 많은 편인데, 면접관은 자료의 질적 요소만 평가하는 것이 아니라 발표능력도 함께 평가한다.

특히 대학생 수준의 발표는 면접관이 예측 가능하고 들어봄직한 내용들이기에 다른 부분들에 시간을 투자해서 인과관계와 논리의 구조를 탄탄하게 만드는 것이 좋은 결과를 가져올 수 있는 비결이다.

자료를 만들 때에는 주제에 맞게 구조화시키는 것이 중요하다. 먼저 주어진 주제의 상황을 분석해야 한다. 주어진 자료를 기반으로 향후 발생할 상황에 대한 판단을 내리고, 분석한 내용에 따라 위기/기회, 장점/단점, 강점/약점, 어려움 등 다양한 관점에서 상황분석을 해야 한다.

이후에는 상황분석한 내용을 기반으로 인과관계에 맞는 대안을 제시해야 한다. 창의적 사고를 바탕으로 기발한 아이디어를 제시하면 좋겠지만 짧은 시간에 도출하기 어려운 경우가 많기 때문에 논리적인 접근을 통해 대안 제시에 집중해야 한다. 대안이 도출된 이후에는 구체적인 실행계획을 수립하는 것이 중요하며, 실무 관점에서 경영자원(시간, 예산, 인력 등)을 고려한 실행가능성을 검토하여 제시해야 한다.

끝으로 기대효과를 언급하는 것이 효과적이다. 제시된 대안과 연계된 기대효과로 인과관계를 확보하고 전체적인 발표 내용을 정리하고 마무리한다. 기대효과는 가능하다면 시간단축, 예산 절감, 만족도 향상 등 수치적 성과를 언급하는 것을 추천한다.

처음에는 쉽지 않은 방법이지만 연습을 하다 보면 분명히 효과가 있을 수밖에 없다. 기업이 가장 문제시하는 부분들은 논리적이지 못한 대안의 제시와 접근이다. 앞에서 언급한 것과 같이 대부분 발표 주제는 전략도출에 관련된 것들이 일반적이다. 전공과 관련된 학술적인 주제가 출제되는 경우도 있지만 그런 경우에는 기존에 가지고 있는 지식을 설명하는 관점에서 자료를 구성하고 발표가 이루어지면 되기에 어렵지 않다. 구조화된 발표자료를 풀어서 설명하고 발표한다는 생각으로 진행하면 보다 좋은 결과를 얻을 수 있다.

건너뛰는 NCS 문제 풀이

꿀팁을 수배합니다

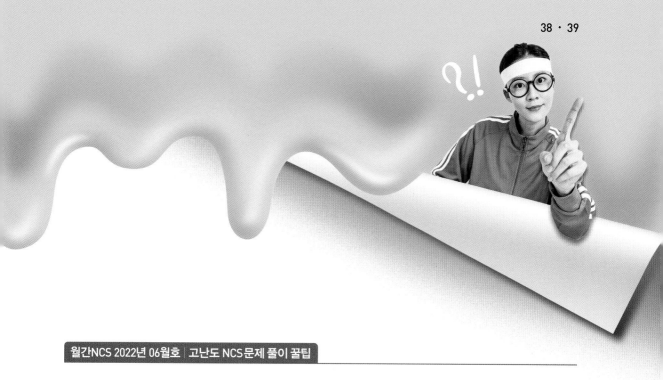

월간NCS 2022년 06월호 | 고난도 NCS 문제 풀이 꿀팁

결론에 "어떤 ~는 ~이다."라는 some 개념이 있으므로 벤다이어그램을 활용한다. 전제1을 만족하는 벤다이어그램은 **[그림1]**과 같다.

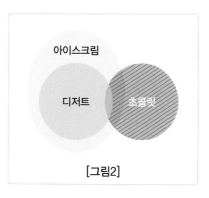

이 상태에서 '초콜릿'과 '~디저트' 사이에 공통영역이 존재한다는 결론을 반드시 만족하기 위해선 **[그림2]**와 같이 '초콜릿'과 '~아이스크림' 사이에 공통영역이 존재하면 된다.
'초콜릿'과 '~아이스크림' 사이에 공통영역이 존재하면 자동적으로 **[그림2]**의 빗금친 부분이 '초콜릿'과 '~디저트' 사이의 공통영역이 되어 결론을 만족할 수 있다. 따라서 정답은 ④이다.

2022년 · 06월호 · 꿀팁
수배완료

월간NCS는

매달 최신 취업 트렌드와
100% 새 문항으로
여러분의 합격을 응원합니다.

I

NCS
영역별 최신기출

피듈형 출제 주요 공기업 기출 동형 30제

최근 3개년(2022~2020) 한국도로공사, 한국가스공사, 한국수자원공사, 한전KPS, 한전KDN, 국민연금공단, 근로복지공단, 서울교통공사, 부산교통공사, 부산시 공공기관 등 피듈형 출제 주요 공기업 필기시험 문항에 따라 영역별 최신 출제 유형 및 기출복원 정보를 활용하여 재구성한 기출 동형 문항을 학습할 수 있도록 구성하였습니다.

01	의사소통능력	✓	05	자원관리능력	✓	09	조직이해능력	✓
02	수리능력	✓	06	대인관계능력	✓	10	직업윤리	✓
03	문제해결능력	✓	07	정보능력	✓			
04	자기개발능력	✓	08	기술능력	✓			

의사소통능력

난이도 ★★★☆☆

01 다음 글을 읽고 ㉠~㉣을 이해한 것으로 적절하지 <u>않은</u> 것을 고르면?

> 음운의 변동은 일반적으로 변동의 결과가 겉으로 나타나는 양상에 따라 교체, 탈락, 첨가, 축약으로 나눈다. ㉠교체는 어떤 음운이 다른 음운으로 바뀌는 현상을, ㉡탈락은 원래 있던 한 음운이 없어지는 현상을 말한다. ㉢첨가는 원래 없던 음운이 추가되는 현상을, ㉣축약은 두 개의 음운이 합쳐져서 새로운 음운으로 바뀌는 현상을 말한다.

① '꽃[꼳]'은 'ㅊ'이 'ㄷ'으로 바뀐 것이므로 ㉠에 해당하겠군.
② '식물[싱물]'은 'ㄱ'이 'ㅁ'을 만나 'ㅇ'으로 바뀐 것이므로 ㉠에 해당하겠군.
③ '해돋이[해도지]'는 '돋'의 끝소리인 'ㄷ'이 없어진 것이므로 ㉡에 해당하겠군.
④ '맨입[맨닙]'은 '맨'과 '입'이 결합하는 과정에서 'ㄴ'이 덧붙은 것이므로 ㉢에 해당하겠군.
⑤ '축하[추카]'는 'ㄱ'과 'ㅎ'이 만나 'ㅋ'이라는 새로운 음운으로 바뀐 것이므로 ㉣에 해당하겠군.

 NCS 빈출개념　**음운의 변동**

1. 교체
   • 음절의 끝소리 규칙: 잎[입], 낮[낟], 밖[박]
   • 자음동화(비음화, 유음화): 밥물[밤물], 신라[실라]
   • 구개음화: 굳이[구디 → 구지], 같이[가티 → 가치]
   • 된소리되기: 먹고[먹꼬], 할 것을[할꺼슬]
2. 탈락
   • 자음 탈락('ㄹ' 탈락, 'ㅎ' 탈락, 자음군 단순화): 딸+님 → 따님, 놀+니 → 노니, 낳은[나은], 값[갑]
   • 모음 탈락('ㅡ' 탈락, 동음 탈락): 쓰+어 → 써, 잠그+아 → 잠가, 가+아 → 가
3. 첨가
   • 사잇소리 현상: 초+불 → 촛불[초뿔/촌뿔], 이+몸 → 잇몸[인몸], 집+일[집닐 → 짐닐]
4. 축약
   • 자음축약: 맏형[마텽], 잡히다[자피다], 좋고[조코]
   • 모음축약: 사이 → 새, 너의 → 네, 오+아서 → 와서, 가지+어 → 가져

02 다음 중 '감성 로봇'에 대한 설명으로 적절하지 <u>않은</u> 것을 고르면?

몇 년 전 일본의 어느 한 사찰에서 이색 장례식이 열렸다. 단종된 애완용 강아지 로봇이 고인이었기에 전 세계 사람들의 이목이 집중되었다. 이 로봇은 판매 당시 매우 큰 인기를 끌었지만 회사가 부품 부족 문제로 사후 서비스를 중단하자 기존 구매 고객이 합동 장례식을 치른 것이다.

고령화와 저출산 문제를 겪고 있는 일본에서는 이 로봇이 가족의 구성원으로 받아들여졌다. 여러 현장에서 특수한 임무를 수행하던 로봇이 최근에는 인간과 소통하고 교감하는 감성 로봇으로 진화했기 때문이다. 특히 감성 로봇은 독거노인의 고독사, 결혼 대신 동거를 택하는 비혼족 증가, 여러 가지 사정에 의한 가족 해체 등 현대 사회가 직면한 문제에 대응할 수 있는 적절한 해결책으로 주목받으며 그 수요가 증가하였다.

애완용 강아지 로봇은 사람처럼 감정을 이해할 수 있다. 인간의 표정 변화 관찰을 통해 슬픔, 기쁨 등의 감정을 파악하고, 목소리의 고저와 떨림 등을 통해 상대방의 걱정을 읽어 낸다. 이 로봇의 정서적 기능은 이미 유아의 수준을 뛰어넘었다는 평가를 받고 있다. 강아지 로봇은 감성 기술 고도화로 감성 로봇의 시장 진입과 성공 가능성을 높인 대표적인 사례이다. 강아지 로봇은 은행, 카페, 쇼핑몰 등에서 고객을 응대하는 일을 맡고 있으며, 미용실에도 채용되어 이목을 끌었다.

작은 키에 사람처럼 관절이 움직이고 사람의 얼굴을 인식하며, 8개 국어를 구사하는 로봇도 있다. 이 로봇은 학생들에게 수학, 과학, 언어 등의 과목을 가르친다. 목소리 및 얼굴 인식이 가능해 학생들의 질문에 대답도 한다. 노인을 위한 간호용 로봇도 등장했다. 간호용 로봇은 독거노인들의 친구이자 간병인 역할까지 한다. 노인의 곁을 따라다니며 식사 시간을 알려 주고, 누가 찾아오면 그 사람이 누구인지 확인해 준다. 노인과 대화를 나누며 노인의 외로움을 덜어 주기도 한다. 카메라로 노인의 움직임을 감지해 건강에 문제가 생겼다고 판단되면 노인의 가족이나 병원에 직접 연락을 취하기도 한다.

최근 감성 인식 로봇은 아이 돌보미 역할도 맡고 있다. 아이들은 자신을 웃게 하고 대화도 나누는 로봇을 가족의 일원으로 여기고 있다. 일각에서는 미래의 가정이 로봇 중심으로 재편되는 것에 대한 우려를 나타내고 있다. '로봇이 가족이 될 수 있을까?'라는 질문에 회의적인 답변을 내놓는 이들이 있지만 정작 로봇과 함께 지내는 사람들은 로봇을 가족과 같은 존재로 인식한다.

한국과학기술기획평가원의 한 연구원은 감성 로봇이 사람 사이의 직접적인 의사소통의 기회를 줄여 인간관계가 단절될 수 있다는 우려를 표했다. 아울러 지금은 기술 혁신뿐 아니라 로봇 사회가 가져올 충격을 극복할 사회 제도의 변혁도 함께 고민해야 할 때임을 강조하였다.

① 감성 로봇은 인간과 소통하고 교감하는 모습을 보인다.
② 감성 로봇을 가족 구성원으로 여기는 사람들도 있다.
③ 감성 로봇은 여러 가지 사회 문제의 해결책으로 주목받고 있다.
④ 감성 로봇으로 새로운 사회 문제들이 야기되었다.
⑤ 감성 로봇은 다양한 분야에서 활용되고 있다.

난이도 ★★★☆☆

03 다음 글의 빈칸에 들어갈 내용으로 가장 적절한 것을 고르면?

> 인천국제공항을 제외한 나머지 국내 공항 14곳 가운데 10곳(71%)이 2016년부터 5년째 적자에서 벗어나지 못하고 있는 것으로 드러났다. 서울 김포공항, 부산 김해공항, 제주도 제주공항을 제외한 나머지 공항들은 자생력을 갖추지 못하고 있다는 얘기다.
>
> 7일 한국공항공사에 따르면, 공항공사 산하 전국 공항 14곳 가운데 올해 8월까지 적자를 낸 곳은 11곳에 달한다. 흑자를 기록한 곳은 김포, 김해, 제주공항 등 3곳뿐이다. 신종 코로나바이러스 감염증(코로나19) 영향으로 항공 노선이 축소됐기 때문이란 게 공항공사의 설명이다.
>
> 그러나 지난 5년간 국내 공항 당기손익 현황을 보면, 지방 공항 상당수는 코로나19 이전부터 적자를 면치 못하고 있다. 전남 무안공항 등 공항 10곳은 2016년부터 5년째 적자다. 그나마 항공수요가 있는 청주와 대구도 적자 수렁에서 벗어나지 못하고 있다. 청주공항은 2017년부터 4년째 적자 상태다. 2015년까지 해마다 적자를 기록하던 대구공항은 2016년 들어서 흑자를 기록했지만, 다시 적자 상태로 돌아섰다.
>
> 공항 활주로는 텅 비었다. 올해 8월까지 활주로 활용률이 1%가 안 되는 지방 공항은 총 5곳이었다. 활주로 활용률은 수용능력 대비 운항 실적을 나타낸 값이다. 원주공항의 경우 연간 11만 5,000편의 항공기를 수용할 수 있게 설계됐지만, 실제 활주로를 이용한 항공기는 118편에 그쳤다. 활용률로 따지면 0.1%다. 이어 사천 0.2%, 군산 0.3%, 포항 0.3%, 무안 0.6% 등 나머지 공항들 사정도 좋지 않다.
>
> 공항공사의 설명대로 코로나19 장기화에 따라 지방 공항의 여객 수요가 준 것은 사실이다. 문제는 코로나19 이전에도 활주로 활용률이 좋지 못했다는 점이다. 원주, 사천, 군산, 포항 등 4곳은 2016년부터 2%를 넘긴 적이 없다. 나머지 공항들 상당수도 활주로 활용률은 10% 안팎에 그치고 있다. 반면 제주, 김포, 김해공항은 올해를 제외하곤 꾸준히 60% 이상의 활용률을 유지하고 있다.
>
> 전문가들은 (   ) 수년째 지방 공항들이 적자를 면치 못하는 근본적인 배경엔 부실한 수요예측과 선심성 지역사업이 있다는 것이다. 허○○ 항공대 경영학과 교수는 "지방 공항 적자는 수년째 이어져 온 고질적인 문제"라며 "적자에서 벗어날 수 있도록 전문 경영인을 영입하고 해외 성공 사례를 벤치마킹하는 등의 자발적인 노력이 필요하다"고 말했다.

① 지방 공항의 활주로 활용률이 좋지 못했다는 점을 간과해서는 안 된다고 보았다.
② 합리적인 수요예측을 통해 인프라 투자에 신중을 기하여야 한다고 보았다.
③ 지방 공항 이용률을 분석적으로 검토해 지방 공항의 폐쇄 여부를 결정해야 한다고 보았다.
④ 코로나19로 인한 적자를 감안했을 때 지방 공항을 경영하는 전문인을 영입하는 것이 필요하다고 보았다.
⑤ 항공 노선이 축소되더라도 흑자를 기록한 공항들의 사례를 연구하여 지방 공항에 도입하는 것이 필요하다고 보았다.

04 다음 글을 읽고 (가)~(라)를 논리적 순서에 맞게 배열한 것을 고르면?

> 우리 사회는 농경중심의 전통사회에서 기계공업 등 산업화의 발달로 대량생산이 보편화됨에 따라 공업중심의 산업사회로 옮겨갔으며, 공업중심의 산업사회는 정보의 역할이 중시되는 지식·정보중심의 정보화사회 또는 후기산업사회로 발전되어 왔다. 이와 같은 인류문명의 발전은 인류에게 물질적으로 풍족한 삶을 가져왔지만, 전통사회의 가족과 지역사회의 붕괴를 가져오는 한편 이제까지 생각하지 못했던 거대 위험 사회를 초래했다.
>
> (가) 특히 오늘날에는 환경오염, 전염병과 황사와 같은 자연재해는 공간적 경계를 넘어서 전 세계에 영향을 주며, 기후변화, 방사능이나 유전자 변형식품은 세대를 넘어 영향을 미친다. 또한 오늘날의 위험은 눈앞에 보이는 위험이 아니라 사회적으로 미치는 '감지되지는 않는 위험'도 존재한다. 직접 감지되지 않는 위험은 예측하기 어렵고, 불확실성이 크기 때문에 대중은 집단적 불안감에 휩싸이기 쉽다.
>
> (나) 사회 발전의 배후에 있는 어두운 측면들이 점차 사회적 논의를 주도하는 사회, 즉 인위적으로 생긴 원자력, 화학, 생태학 그리고 유전공학적 자기파멸의 가능성이 존재하는 사회가 위험사회라고 할 수 있다. 위험사회의 위험은 인간의 생존 자체를 위협할 수 있을 뿐만 아니라 개인적으로는 무방비 상태로 직면하는 대량위험을 의미한다.
>
> (다) 과거의 위험은 홍수, 가뭄, 지진, 전염병처럼 주로 자연으로부터 발생하는 외부적 위험이었지만, 오늘날의 위험은 기후변화, 방사능 노출, 환경파괴, 조류독감, 구제역, 핵무기의 위협, 항공테러와 같이 산업과 기술의 진보가 초래한 내재적 위험이다.
>
> (라) 위험이 사회적으로 미치는 영향력에 대해 독일의 울리히 벡(Ulrich Beck)이라는 사회학자가 현대사회를 특징짓는 사회적 위험을 '위험사회'라는 개념으로 제시함으로써 커다란 의미를 지니게 되었다. 오늘날 위험사회라는 개념은 사회학, 철학, 정치학, 법학 등 다양한 영역에서 일반적으로 수용되고 있다.

① (가) − (나) − (다) − (라)
② (가) − (라) − (나) − (다)
③ (다) − (가) − (라) − (나)
④ (다) − (나) − (가) − (라)
⑤ (다) − (나) − (라) − (가)

[05~06] 다음 글을 읽고 질문에 답하시오.

금융시스템은 금융시장 및 금융기관과 이들을 형성하고 운영하며 원활하게 기능하도록 하는 법규와 관행, 지급결제시스템 등 금융인프라를 모두 포괄하는 개념이다. 금융시스템의 중요한 기능은 가계, 기업, 정부, 금융기관 등 경제주체들이 저축, 차입, 보험계약 등을 통해 소비나 투자와 같은 경제활동을 원활하게 수행할 수 있도록 지원하는 것이라고 할 수 있다.

가령 가계는 금융시스템이 제공하는 저축이나 보험 수단을 이용함으로써 실직, 질병, 노후 등의 상황에서도 일정한 소비수준을 유지할 수 있다. 또한 경우에 따라서는 미래의 소득을 예상하여 차입을 통해 현재의 소비를 늘릴 수도 있을 것이다. 기업도 높은 수익이 기대되는 부문에 대한 투자를 늘리고 싶을 경우 부족한 자금을 금융시장이나 금융기관을 통해 조달할 수 있으며, 반대로 여유자금이 있는 경우에는 금융시장이나 금융기관을 통해 자금을 운용하게 된다. 이와 같이 금융시스템은 예금, 주식, 채권 등의 금융상품을 제공함으로써 경제주체의 여유자금이 저축되어 자금이 부족한 경제주체의 투자나 소비 지출로 이어지도록 하는 기능을 수행한다. 특히 이러한 과정에서 금융시스템이 자원을 생산성이 더 높은 경제활동의 영역으로 흘러가도록 기능하게 되면 자원배분의 효율성이 증대되면서 사회 전체의 후생도 늘어나게 된다. 이는 저축 혹은 투자 주체의 수익이 늘어나는 것을 의미한다.

금융시스템이 이와 같은 기능을 수행할 수 있는 것은 금융시장이 금리, 주가, 환율 등 금융상품의 가격을 형성하여 줌으로써 다양한 선호체계를 가진 경제주체의 금융거래가 원활하게 이루어지도록 하기 때문이다. 예를 들면 어떤 자금운용자는 위험이 높더라도 높은 수익을 보장하는 투자를 선호하는 경우가 있고 어떤 자금운용자는 그와 반대인 경우도 있다. 또한 자금운용을 단기로 하고 싶을 수도 있고 장기로 하기를 원할 수도 있다. 자금 차입주체가 선호하는 차입조건 역시 다양할 것이다. 이와 같이 금융시스템은 위험, 수익성, 만기, 유동성 등 다양한 시장참가자의 선호 요인이 반영된 금융상품을 제공하고 가격을 형성함으로써 자금거래가 원활히 이루어지도록 한다. 이처럼 금융시스템이 발전하여 다양한 금융상품이 제공되고 금융거래가 활성화되면 적절한 가격을 바탕으로 경제주체는 위험을 분산할 수 있다. 위험 분산을 위한 금융상품으로는 생명·건강 등과 관련한 보험상품과 금융자산 가격의 변동 위험, 거래상대방의 채무불이행 위험 등과 관련한 각종 파생금융상품이 있다. 최근에는 금융공학과 정보통신기술의 발전 등으로 파생금융상품의 종류가 더욱 다양화, 국제화되고 있으며 그 거래규모도 더욱 증대되는 추세이다.

마지막으로 금융시스템은 정책당국이 금융·경제정책을 수행하는 중요한 경로가 된다. 예를 들어 중앙은행의 금리정책은 금융시장에서 공개시장운영 등을 통해 실행되며 정책의 효과는 금융시스템을 거쳐 실물경제로 파급된다. 금융시스템은 금융상품의 공급을 통해 실제로 발행되는 중앙은행의 현금통화보다 더 많은 유동성을 창출하는 기능을 수행하면서 실물 경제활동을 뒷받침한다.

그러나 금융시스템이 금융거래 계약을 통해 유동성을 창출하는 본원적 기능을 수행하는 이면에는 금융시스템의 불안을 유발할 수 있는 잠재적인 요인도 함께 존재한다. 즉 금융거래 계약은 현금을 이용한 거래와는 달리 차후에 이행되지 못할 위험성도 내포하고 있다. 또한 불완전 정보, 불완전 경쟁 등으로 금융시장은 완벽하게 작동하기 어려워 금융시스템이 항상 스스로 사회적 후생을 극대화시켜주지 못하거나 경우에 따라서는 금융불안이 야기되어 큰 경제적 비용이 초래될 수도 있다.

따라서 금융시장, 금융기관 및 금융인프라로 구성된 금융시스템이 본연의 기능을 원활하게 수행할 수 있도록 정책당국의 금융안정을 위한 다양한 노력이 필요하게 된다. 이러한 관점에서 한국은행도 우리나라 경제의 건전한 발전을 도모하기 위해 금융안정상황 분석 및 평가, 금융시장 안정을 위한 긴급유동성 지원 등 다양한 금융안정 정책을 수행하고 있다.

05 주어진 글의 주제로 가장 적절한 것을 고르면?

① 금융시스템의 긍정적 기능을 활용하기 위한 금융인프라 구축이 시급하다.
② 금융시스템의 기능이 원활하게 수행되도록 정책당국의 다양한 노력이 필요하다.
③ 경제주체들이 금융시스템을 올바르게 사용할 수 있도록 제도적 뒷받침이 필요하다.
④ 금융시스템으로 인해 발생하는 사회적 비용이 크므로 해결하기 위한 지원이 요구된다.
⑤ 우리나라 경제의 건전한 발전을 도모하기 위해 금융시스템의 적극적인 활용이 시급하다.

06 다음 중 글의 내용과 일치하지 않는 것을 고르면?

① 경제주체의 금융거래는 금융시장이 금융상품의 가격을 형성하기 때문에 가능하다.
② 금융시스템은 금융상품을 제공하여 자금이 부족한 경제주체의 투자나 소비 지출을 유도한다.
③ 금융시스템이 발전해 다양한 금융상품이 제공되고 금융거래가 활성화되면 경제주체는 위험 분산이 가능하다.
④ 정책당국은 금융시스템을 활용해 금융정책이나 경제정책을 수행할 수 있지만 실물 경제활동은 뒷받침하기 어렵다.
⑤ 불완전 경쟁 등에 의해 금융시장이 완벽하게 작동하지 않을 때는 금융불안이 야기되어 경제적 비용이 발생할 수 있다.

07 다음 모집공고를 이해한 내용으로 적절한 것을 고르면?

인천국제공항 제2국제업무지역 호텔 개발사업자 모집공고

「인천국제공항공사 부동산 임대사업 계약특례 세부기준」 제22조에 따라 인천국제공항 제2국제업무지역 호텔 개발사업의 사업자 모집을 위한 사항을 아래와 같이 공고합니다.

1. 사업개요 및 사업시행 조건
    가. 사업명: 인천국제공항 제2국제업무지역(IBC－Ⅱ) 호텔 개발사업
    나. 사업위치: 인천광역시 중구 운서동 32××－×× 필지
    다. 부지면적: 16,412.2m²
    라. 사업규모: 사업신청자 자율 제안(건폐율, 용적률, 고도제한 등 고려)
    마. 건설기간: 실시협약 체결일로부터 4년 이내
       토지사용기간: 운영개시일로부터 50년 이내
    바. 사업방식: 토지는 공항공사가 소유 및 임대하고, 사업시행자가 시설물을 건설하여 토지사용기간 동안 소유 및 운영 후 원상회복
    사. 제안범위: 관광호텔(관광진흥법 시행령상의 5성급 이상)

2. 주요 사업시행 조건
    가. 사업제안자자격: 법인 또는 설립예정법인
    나. 사업시행 조건: 상세사항은 제안요청서 전문 참고
       － (원상회복) 토지사용기간 후 시설철거 및 원상회복
       － (토지사용료) 대상부지 면적×공시지가(원/m²)×제안요율(5% 이상 자율 제안, VAT 별도)
       － (입찰보증금) 총사업비의 5% 이상을 현금 또는 보증보험으로 사업제안서 제출 시 납부
       － (사업이행보증금) 총사업비의 10%를 현금 또는 보증보험으로 실시협약체결 전까지 납부
       － (자기자본비율) 총사업비 중 자체조달자금이 차지하는 비율을 10% 이상 유지

3. 사업제안서 평가 및 협약대상자 지정
    가. 평가방법: 1,000점 만점 기준으로 평점 850점 이상이며 각 분야별 평가점수 배점한도 60% 이상인 사업자를 협상적격자로 선정, 협상적격자 중 최고점수 사업자를 우선협상자로 선정
    나. 평가항목: 상세사항은 제안요청서 전문 참고
    다. 단독제출: 1개사만 사업제안서를 제출한 경우에도 동일한 절차를 이행하여 사업시행자 선정

4. 사업제안서 작성 및 제출
    가. 작성방법: 사업개요, 사업계획, 자금조달계획 등 제안요청서 참고(요청 시 별도송부)
    나. 제출기한: 2022년 3월 15일(화) 18:00까지
    다. 제출방법: 인천국제공항공사 복합도시개발팀으로 직접 제출(우편접수 불가)
    라. 사업제안서 제출 시 본인의 신분을 확인할 수 있는 신분증 및 재직증명서를 반드시 지참하여야 함

---

① 사업제안서를 전자우편으로 제출할 경우 제출자의 신분증 사본을 함께 제출해야 한다.

② 2022년 8월 15일에 실시협약을 체결하였다면 2027년 8월 15일까지 건설을 완료해야 한다.

③ 사업시행자는 사용하고자 하는 토지에 대해 7%의 요율을 적용한 토지사용료를 지불할 수 있다.

④ 총사업비가 15억 원일 경우 개발사업자는 사업제안서 제출 시 최소 1,500만 원을 납부해야 한다.

⑤ 1개사만 사업제안서를 제출하였고, 해당 사업자의 평점이 650점이라면 사업시행자로 선정된다.

난이도 ★★★★☆

08 다음 사례가 강조하는 문서이해능력의 핵심 내용으로 가장 적절한 것을 고르면?

> P 씨는 매일 고객들이 보내는 수십 건의 주문서를 처리하고, 상사의 지시문에 따라 보고서나 기획서 등을 작성하는 일을 하는 세일즈맨이다. 그는 매일 벽찰 만큼 늘어나는 주문서와 상사의 지시문, 보고서에 묻혀 사는 신세가 되었다.
>
> 그러던 P 씨는 문서를 종류별로 체계적으로 정리하기로 결심했다. 고객의 주문서 중 핵심내용만 정리하여 요구사항별로 그룹화하고, 상사의 지시문 중 중요한 내용만 간추려 메모해 두었다. 정리한 내용은 필요한 동료에게 메일로 보내주거나 보고서를 작성할 때 참고했다. 그랬더니 점차 업무의 양이 많아지고 주문서와 작성해야 할 보고서, 공문과 메일 등이 늘어도 당황하지 않게 됐다. 오히려 예전보다 빠른 속도로 문서의 내용을 이해하고 분류하며 신속하게 업무를 처리할 수 있게 되었다.

① 업무 중 문서의 작성은 가급적 최소화해야 한다.

② 문서는 그림이나 도표 등을 활용해 작성해야 한다.

③ 정보를 획득하고, 수집 · 종합하는 능력이 중요하다.

④ 문서이해를 위해서는 동료들과의 적극적인 의사소통이 중요하다.

⑤ 작성한 문서는 항상 근거자료로 남겨 일정 기간 보관해 두어야 한다.

난이도 ★★★★☆

01 다음 [조건]을 참고할 때, 소금물 B의 농도를 고르면?

┤ 조건 ├

- 두 소금물 A, B를 4 : 1의 비율로 섞으면 농도가 18%인 소금물이 된다.
- 두 소금물 A, B를 3 : 2의 비율로 섞으면 농도가 20%인 소금물이 된다.

① 16%

② 21%

③ 26%

④ 31%

⑤ 36%

⏱ **빠른 문항풀이**

(소금물의 농도)$=\dfrac{(\text{소금의 양})}{(\text{소금물의 양})}\times100$의 공식을 (소금의 양)$=\dfrac{(\text{소금물의 농도})}{100}\times$(소금물의 양)으로 변형하고, 연립방정식을 이용하면 문제를 빠르게 해결할 수 있다.

02 방송과 방송 사이에 5분간 광고 방송을 하려고 한다. 다음 [조건]을 참고할 때, 15초짜리 광고와 30초짜리 광고의 개수의 차를 고르면?

┌─ 조건 ├───
- 광고는 총 12개를 방송한다.
- 광고는 15초짜리, 30초짜리, 45초짜리로 구성되며 45초짜리 광고는 2개만 방송한다.
- 광고와 광고 사이, 광고와 방송 사이에 시간 공백은 없다.
└──

① 2개
② 3개
③ 4개
④ 5개
⑤ 6개

난이도 ★★★☆☆

03 다음 [그래프]는 국방기술품질원의 특허출원·특허등록 현황에 관한 자료이다. 이에 대한 설명으로 옳지 <u>않은</u> 것을 고르면?

[그래프] 국방기술품질원 특허출원·특허등록 현황 (단위: 건)

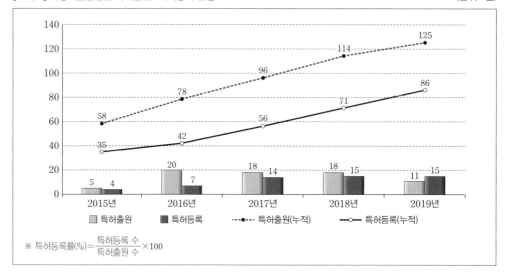

※ 특허등록률(%) = $\frac{특허등록\ 수}{특허출원\ 수} \times 100$

① 2019년 누적 출원 특허는 125건, 누적 등록된 특허는 86건으로 누적 특허등록률은 약 69%이다.

② 2014년까지의 특허출원 수는 특허등록 수의 약 1.7배이다.

③ 2015~2019년 동안 연평균 약 14건의 특허를 출원하였다.

④ 2015~2019년 중 특허등록률이 가장 낮은 해의 특허등록률은 35%이다.

⑤ 2015~2019년 중 특허등록 수가 가장 적은 해의 특허등록률이 가장 낮다.

⏱ **빠른 문항풀이**

특허등록률은 특허등록 수를 특허출원 수로 나눈 것이므로 특허등록 수가 적다고 해서 특허등록률이 낮은 것은 아니다. 즉, 공식과 수식의 이해가 있다면 계산하기 전에 수의 비교만으로 더 빠르게 문제를 해결할 수 있다.

04 다음 [표]는 정보보호산업 매출현황에 관한 자료이다. 이에 대한 설명으로 옳지 않은 것을 [보기]에서 모두 고르면?

[표1] 정보보호산업 매출현황 (단위: 백만 원)

구분	합계	정보보안			물리보안		
		소계	시스템 개발 및 공급	관련 서비스	소계	시스템 개발 및 공급	관련 서비스
2018년	10,117,844	3,082,926	2,093,723	989,203	7,034,918	4,421,928	2,612,990
2019년	11,180,507	3,618,773	2,209,562	1,409,211	7,561,734	4,706,176	2,855,558
2020년	11,898,622	3,907,425	2,397,878	1,509,547	7,991,197	4,959,014	3,032,183

[표2] 정보보안 시스템 개발 및 공급 매출현황 (단위: 백만 원)

구분	2018년	2019년	2020년
네트워크보안 시스템 개발	729,393	752,550	825,907
시스템보안 솔루션 개발	488,402	534,141	572,811
정보유출방지 시스템 개발	426,128	431,758	459,572
암호/인증 시스템 개발	151,879	182,253	196,538
보안관리 시스템 개발	297,920	308,859	343,050

[표3] 물리보안 시스템 개발 및 공급 매출현황 (단위: 백만 원)

구분	2018년	2019년	2020년
보안용 카메라 제조	1,106,250	1,222,898	1,324,035
보안용 저장장치 제조	907,487	950,821	979,420
보안장비 부품	484,766	488,080	493,348
물리보안 솔루션	378,902	447,608	475,297
물리보안 주변장비	161,576	174,653	173,434
출입통제(Access Control) 장비 제조	499,455	521,306	556,504
생체인식 보안시스템 제조	293,378	321,662	335,738
경보/감시 장비 제조	220,715	212,286	232,426
기타 제품	369,398	366,862	388,812

┤ 보기 ├
ㄱ 정보보호산업 중 정보보안 매출 총액과 물리보안 매출 총액은 모두 매년 증가하고 있다.
ㄴ 물리보안 시스템 개발 및 공급 매출은 매년 정보보안 시스템 개발 및 공급 매출의 2배 이상이다.
ㄷ 2018년 네트워크보안 시스템 개발 매출은 정보보안 매출의 약 30%이다.
ㄹ 2020년 물리보안 시스템 개발 및 공급 중 매출이 가장 적은 산업의 매출은 2020년 정보보호산업 매출의 2% 이상이다.

① ㄴ ② ㄷ ③ ㄱ, ㄹ
④ ㄴ, ㄷ ⑤ ㄷ, ㄹ

난이도 ★★★★☆

05 다음 [표]는 2021년 인구 및 전년 대비 인구 증가율과 2020년 체중 분포에 관한 자료이다. 2020년 전체 인구의 70%가 19~64세 인구이고 19~64세 비만인구의 80%가 고혈압이라고 할 때, 2020년 비만이면서 고혈압인 19~64세 인구를 고르면?(단, 표준오차는 무시한다.)

[표1] 2021년 인구 및 전년 대비 인구 증가율 (단위: 천 명, %)

2021년 인구	전년 대비 인구 증가율		
	2019년	2020년	2021년
51,906.4	0.35	0.14	−0.18

[표2] 2020년 체중 분포(표준오차) (단위: %)

구분		19~64세	65세 이상
저체중		4.5(0.4)	3.6(0.6)
정상		34.2(0.9)	33.9(1.4)
비만 전 단계		21.3(0.7)	25.8(1.2)
비만	1단계	31.9(0.9)	33.2(1.3)
	2단계	6.5(0.5)	3.4(0.5)
	3단계	1.6(0.2)	0.1(0.1)
합계		100	100

① 9,573,000명

② 10,009,000명

③ 11,648,000명

④ 12,760,000명

⑤ 13,954,000명

 **빠른 문항풀이**

백분율(%)은 $\dfrac{(비교하는\ 양)}{(기준량)} \times 100$을 계산한 것이다. 즉 기준량이 어떤 값인지 정확하게 알아야 문제를 정확하게 해결할 수 있다.

06 다음 [표]와 [그래프]는 대구광역시의 연도별 가구 수 및 주택 수, 주택보급률에 관한 자료이다. [조건]을 바탕으로 2020년 대구광역시의 주택 수를 고르면?(단, 소수점 아래 첫째 자리에서 반올림한다.)

[표] 연도별 가구 수 및 주택 수

(단위: 가구, 호)

구분	가구 수	주택 수
2010년	868,320	886,842
2011년	881,714	904,557
2012년	893,456	917,459
2013년	905,453	934,506
2014년	917,709	952,792
2015년	928,528	943,431
2016년	935,753	966,218
2017년	948,030	988,357
2018년	957,516	996,141
2019년	968,620	1,000,781

[그래프] 연도별 가구당 주택보급률 및 전년 대비 보급률 증감

(단위: %, %p)

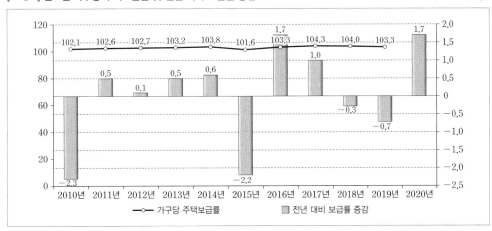

※ 가구당 주택보급률(%)= $\frac{\text{주택 수}}{\text{가구 수}} \times 100$

　전년 대비 보급률 증감(%p)=당해연도 가구당 주택보급률－전년도 가구당 주택보급률

┤ 조건 ├

- 대구광역시의 2020년 가구 수는 2010~2019년 중 가구 수가 가장 적은 해의 가구 수보다 10% 많다.
- 2020년 대구광역시의 전년 대비 보급률 증감은 1.7%p이다.

① 909,086호　　　　　② 1,002,910호　　　　　③ 1,005,323호

④ 1,008,275호　　　　　⑤ 1,010,080호

난이도 ★★★★☆

07 다음 [표]는 우리나라 감염병 발생 수에 관한 자료이다. 이를 바탕으로 작성한 그래프로 옳지 않은 것을 고르면?

[표1] 감염병 발생 수 (단위: 명)

구분	2017년	2018년	2019년	2020년	2021년	2022년
1급	0	1	1	1	1	0
2급	131,324	148,133	141,058	66,835	61,674	12,376
3급	19,401	20,085	16,684	18,403	17,807	2,461

※ 2022년은 2022년 1분기 발생 수를 나타냄

[표2] 간염유형별 간염 발생 수 (단위: 명)

구분	2017년	2018년	2019년	2020년	2021년	2022년
A형간염	4,419	2,437	17,598	3,989	6,421	641
B형간염	391	392	389	382	435	80
C형간염	6,396	10,811	9,810	11,849	9,975	2,043

※ 2022년은 2022년 1분기 발생 수를 나타냄

[표3] 2022년 1분기 간염유형별 간염 발생 수 (단위: 명)

구분	A형간염	B형간염	C형간염
서울	128	6	333
부산	21	3	329
대구	19	2	83
인천	48	6	159
광주	24	1	80
대전	12	1	20
울산	7	2	41
경기	190	27	297
강원	19	3	38
충북	26	5	45
충남	45	2	71
전북	38	9	49
전남	17	4	155
경북	26	4	98
경남	12	4	212
제주	5	0	27
세종	4	1	6
미상	0	0	0

※ A형간염은 2급 감염병이고, B형간염과 C형간염은 3급 감염병임

① 연도별 3급 감염병 누적 발생 수

(단위: 명)

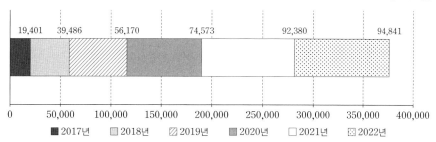

② 연도별 A형·B형·C형간염 발생 수

(단위: 명)

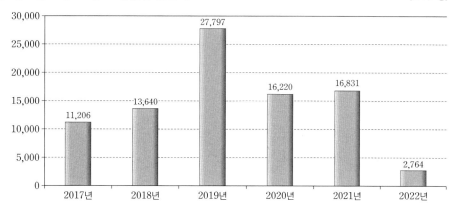

③ 2022년 1분기 간염유형별 간염 발생 수 중 서울의 비중

(단위: %)

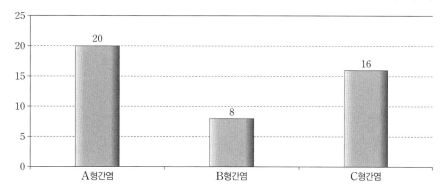

④ 2022년 1분기 A형·B형·C형간염 발생 수 상위 5개 지역 (단위: 명)

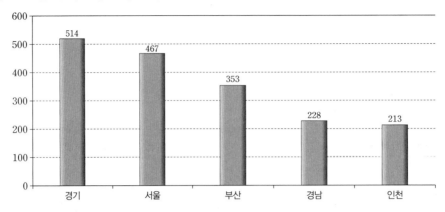

⑤ 2018~2021년의 전년 대비 간염유형별 간염 발생 수 증감 (단위: 명)

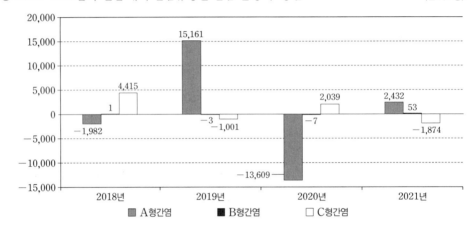

문제해결능력

난이도 ★★★★☆

01 다음 [보기]의 결론이 반드시 참이 되도록 '전제2'에 들어갈 알맞은 명제를 고르면?

┤ 보기 ├─
- 전제1: 어떤 동물은 육식이다.
- 전제2: _____
- 결론: 어떤 새는 육식이다.

① 어떤 동물은 새다.
② 모든 동물은 새다.
③ 모든 동물은 새가 아니다.
④ 동물이 아닌 어떤 것은 새다.
⑤ 동물이 아닌 것 중 새가 아닌 것이 있다.

🕑 **빠른 문항풀이**

전제1과 결론에 some 개념이 있으므로 벤다이어그램을 활용한다. 동물을 '동', 육식을 '육', 새를 '새'라고 표시하자. 우선 전제1을 만족하는 가장 기본적인 벤다이어그램은 [그림1]과 같으며, 색칠된 부분이 반드시 존재해야 한다.

이 상태에서 ①을 만족하도록 '새'의 벤다이어그램을 그려보도록 하자. ①을 만족하기 위해 '동'과 '새'의 공통 부분이 존재하기만 하면 되므로 [그림2]와 같은 벤다이어그램도 그릴 수 있다. 이 경우 전제1과 ①을 모두 만족하지만 결론을 만족하지 못한다. 즉 ①을 전제2로 세울 경우 항상 결론이 도출되는 것은 아니므로 ①은 전제2로 적절하지 않다.

이와 같은 방식으로 전제1과 ②~⑤를 만족하는 벤다이어그램을 각각 그렸을 때, 결론을 위배하는 반례가 하나라도 발생한다면 해당 선택지를 소거할 수 있다.
③~⑤는 [그림3]을 반례로 들 수 있다.

반면 ②를 전제2로 세울 경우 항상 결론을 만족하므로 답은 ②이다.

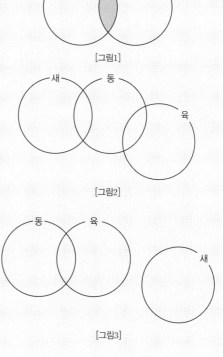

[그림1]

[그림2]

[그림3]

난이도 ★★★★★

02 A~E 중 한 명이 학급 비상금을 훔쳤고, 다섯 명 중 두 명은 거짓을 말하고 있다. 다음 [조건]을 바탕으로 학급 비상금을 훔친 사람으로 가능한 사람을 모두 고르면?(단, 거짓을 말하는 사람의 진술은 모두 거짓이다.)

> ─┤ 조건 ├─
> - A: 나는 진실을 말하며, B가 학급 비상금을 훔쳤어.
> - B: C는 학급 비상금을 훔치지 않았어.
> - C: 나는 학급 비상금을 훔치지 않았어.
> - D: A가 학급 비상금을 훔쳤어.
> - E: 학급 비상금을 훔친 사람은 거짓을 말하고 있어.

① A
② B
③ D
④ B, D
⑤ A, E

03 다음은 S기업 인사팀에서 새로 도입한 교육훈련 프로그램의 편익과 비용, 그리고 그 효과를 측정하기 위한 투자수익률법(ROI)에 관한 자료이다. 이에 대한 설명으로 옳은 것을 [보기]에서 모두 고르면?

- 새 교육훈련 프로그램의 편익: 새로운 교육훈련 프로그램 실시 전의 연간 판매 실적을 살펴보면 1인당 매월 평균 14번의 계약 체결이 있었고 계약 시마다 100만 원의 이익을 창출하였다. 새로운 교육훈련 프로그램 실시 후에는 1인당 매월 평균 16번의 계약 체결을 하였고 계약 시마다 135만 원의 이익을 창출하였다. 그리고 사후 프로그램 평가를 하였는데 이익 증가액의 50%만이 새로운 교육훈련 프로그램에 의한 효과로 추정되었으며, 새 교육훈련 프로그램의 효과는 1년 동안만 유효하였다. 교육훈련에 참가한 직원은 10명이었다.
- 새 교육훈련 프로그램의 비용

구분	비용
프로그램 개발 비용	3억 원
소프트웨어 비용	5천만 원
기자재 비용	8천만 원
전문가 인건비	2천만 원
분석 및 평가 비용	5천만 원
합계	5억 원

- 투자수익률법(ROI): 투자된 비용과 산출된 편익을 비교하여 사업(프로그램)의 효과를 측정하는 방법으로, 이를 식으로 나타내면 $ROI(\%) = \dfrac{편익 - 비용}{비용} \times 100$ 이다. 단일 사업의 평가일 때는 ROI 값이 0 이상일 경우 지속 가능성이 있다고 판단한다.

┤ 보기 ├

㉠ 새 교육훈련 프로그램은 지속 가능성이 없다고 판단된다.
㉡ 새 교육훈련 프로그램 효과에 따른 1인당 월평균 이익증가액은 35만 원이다.
㉢ 이익증가액의 100%를 새 교육훈련 프로그램의 효과로 추정한다면, ROI 값은 82.4%가 된다.
㉣ 기자재 비용을 8천만 원에서 5천만 원으로 줄이면, 새 교육훈련 프로그램은 지속 가능성이 있다고 판단된다.

① ㉠, ㉡   ② ㉠, ㉢   ③ ㉠, ㉣
④ ㉡, ㉢   ⑤ ㉡, ㉣

🕐 **빠른 문항풀이**

편익에서 주어지는 정보는 1인당 월평균이지만, 실제 편익 계산은 10명과 1년 기준으로 해야 한다는 것에 주의해야 한다.

[04~05] 다음 [조건]과 [표]는 올해 입사한 신입사원 1,000명의 출신지역 및 입사 지원 동기에 관한 내용이다. 이를 바탕으로 질문에 답하시오.

┤ 조건 ├

- 올해 입사한 신입사원 1,000명의 출신지역은 수도권, 대도시, 중소도시로 구분할 수 있으며, 수도권 출신은 50%, 대도시 출신은 30%, 중소도시 출신은 20%이다.
- 신입사원들의 출신지역별로 여자가 차지하는 비율은 수도권 70%, 대도시 60%, 중소도시 40%이다.

[표] 신입사원 1,000명의 입사 지원 동기 비율 (단위: %)

구분	성별	연봉	복지	근무환경	워라밸	합계
수도권	남자	40	20	30	10	100
	여자	10	30	20	40	100
대도시	남자	20	20	20	40	100
	여자	30	20	20	30	100
중소도시	남자	20	50	20	10	100
	여자	30	40	20	10	100

※ 중복선택 없음

난이도 ★★★☆☆

04 위의 자료에 대한 설명으로 옳은 것을 [보기]에서 모두 고르면?

┤ 보기 ├

㉠ 중소도시 출신 신입사원 중 입사 지원 동기로 연봉을 뽑은 여자 직원의 수는 24명이다.
㉡ 대도시 출신 신입사원 중 입사 지원 동기로 워라밸을 뽑은 남자 직원의 수는 입사 지원 동기로 워라밸을 뽑은 여자 직원의 수보다 더 많다.
㉢ 전체 신입사원을 출신지역과 성별을 기준으로 6개 그룹으로 구분한다면 수도권 출신 여자 직원의 수가 가장 많다.
㉣ 수도권 출신 신입사원 중 입사 지원 동기로 복지를 뽑은 남자 직원의 수와 입사 지원 동기로 근무환경을 뽑은 여자 직원의 수는 서로 같다.

① ㉠, ㉢　　　　　　② ㉠, ㉣　　　　　　③ ㉡, ㉣
④ ㉠, ㉡, ㉢　　　　⑤ ㉡, ㉢, ㉣

🕐 **빠른 문항풀이**

㉢의 경우 수도권 출신이 이미 전체의 절반이고, 그중에서도 여자가 70%라는 가장 높은 비율을 차지하고 있으므로 정확히 계산하지 않아도 수도권 출신 여자 직원의 수가 가장 많다는 것을 쉽게 알 수 있다.
㉣의 경우 수도권 출신 남자 신입사원 중 복지를 뽑은 사람과 여자 신입사원 중 근무환경을 뽑은 사람의 비율이 20%로 동일하므로, 인원수 자체가 더 많은 여자 쪽의 사람이 더 많다는 것을 쉽게 알 수 있다.

05 연봉, 복지, 근무환경, 워라밸 4가지 입사 지원 동기를 선택한 사람이 많은 순서대로 나열한 것을 고르면?

① 연봉＞워라밸＞근무환경＞복지
② 복지＞워라밸＞연봉＞근무환경
③ 복지＞워라밸＞근무환경＞연봉
④ 워라밸＞복지＞연봉＞근무환경
⑤ 워라밸＞복지＞근무환경＞연봉

난이도 ★★★☆☆

06 다음 ㄱ~ㄹ 중 탐색형 문제의 특징을 모두 고르면?

> ㄱ 어떤 기준을 일탈함으로써 생기는 일탈문제와 기준에 미달하여 생기는 미달문제로 대변되
> 며 원상복귀가 필요하다.
> ㄴ 유사 타 기업의 업무방식이나 선진기업의 업무 방법 등의 정보를 얻음으로써 지금보다 좋
> 은 제도나 기법, 기술을 발견하여 개선, 향상시킬 수 있는 문제이다.
> ㄷ 지금 현재로는 문제가 없으나 현 상태의 진행 상황을 예측이라는 방법을 사용하여 찾아야
> 앞으로 일어날 수 있는 문제가 보이게 된다.
> ㄹ 문제가 잠재되어 있어 보지 못하고 인식하지 못하다가 결국은 문제가 확대되어 해결이 어
> 렵게 된다.

① ㄱ, ㄴ
② ㄷ, ㄹ
③ ㄱ, ㄴ, ㄷ
④ ㄴ, ㄷ, ㄹ
⑤ ㄱ, ㄴ, ㄷ, ㄹ

07 발산적인 사고가 요구되는 창의적 사고력을 개발하기 위한 방법과 훈련법을 다음과 같이 도식화하였다. 각 사고방법의 사례가 바르게 짝지어진 것을 고르면?

구분	내용	사례
자유연상법	생각나는 대로 자유롭게 발상	( )
강제연상법	각종 힌트에 강제적으로 연결 지어서 발상	( )
비교발상법	주제의 본질과 닮은 것을 힌트로 발상	( )

	자유연상법	강제연상법	비교발상법
①	체크리스트	NM법	Synectics
②	체크리스트	NM법	브레인스토밍
③	Synectics	브레인스토밍	체크리스트
④	브레인스토밍	Synectics	NM법
⑤	브레인스토밍	체크리스트	Synectics

04 그 외 영역

[자원관리능력] 난이도 ★★★☆☆

01 다음 글에 언급된 직접비용과 간접비용의 구분이 적절한 것을 고르면?

> 어떤 활동이나 사업의 비용을 추정하거나 예산을 잡는 작업은 결코 생각하는 것만큼 그렇게 쉽지 않다. 무엇보다 추정해야 할 매우 많은 유형의 비용들이 존재하기 때문이다. 그리고 이러한 예산의 구성요소는 일반적으로 비목과 세목으로 구분할 수 있으며, 비목은 직접비용과 간접비용으로 구분된다. 직접비용은 제품 생산 또는 서비스를 창출하기 위해 직접 소비된 것으로 여겨지는 비용을 말한다. 반면 간접비용은 제품을 생산하거나 서비스를 창출하기 위해 소비된 비용 중에서 제품 생산에 직접 관련되지 않은 비용을 말한다. 간접비용은 과제에 따라 매우 다양하며, 과제가 수행되는 상황에 따라서도 다양하게 나타날 수 있어, 많은 사람들이 정확하게 예측하지 못해 어려움을 겪는 경우가 많이 있다.

	직접비용	간접비용
①	재료비, 인건비	시설비, 광고비
②	시설비, 인건비	보험료, 광고비
③	재료비, 시설비	인건비, 통신비
④	보험료, 재료비	광고비, 공과금
⑤	통신비, 시설비	보험료, 공과금

🎓 NCS 빈출개념 **직접비용과 간접비용**

• 직접비용: 제품 생산 또는 서비스를 창출하기 위해 직접 소비된 것으로 여겨지는 비용

재료비	제품의 제조를 위하여 구매된 재료에 대하여 지출한 비용
원료와 장비	• 제품을 제조하는 과정에서 소모된 원료나 필요한 장비에 지출한 비용 • 원료와 장비에는 실제 구매된 비용 혹은 임대한 비용을 모두 포함함
시설비	제품을 효과적으로 제조하기 위해 건설되거나 구매된 시설에 지출한 비용
여행(출장) 및 잡비	제품 생산 또는 서비스를 창출하기 위해 출장이나 타 지역으로의 이동이 필요한 경우와 기타 과제 수행상에서 발생하는 다양한 비용을 포함함
인건비	• 제품 생산 또는 서비스 창출을 위한 업무 수행자들에게 지급되는 비용 • 계약에 의해 고용된 외부 인력에 대한 비용도 인건비에 포함함 • 일반적으로 인건비는 전체 비용 중 가장 큰 비중을 차지함

• 간접비용
- 직접비용을 제외하고, 제품의 생산 및 서비스 창출을 위해 소비된 비용으로, 제품 생산에 직접 관련되지 않은 비용
- 간접비용은 과제에 따라 매우 다양하며, 과제가 수행되는 상황에 따라서도 다양하게 나타날 수 있음
  ⑩ 보험료, 건물관리비, 광고비, 통신비, 사무비품비, 각종 공과금 등

02 다음은 건설업에서의 안전관리자 수 산정 방법에 관한 자료이다. 공사 A~F에 안전관리자 수를 최소한으로 배치하려고 할 때, A~F 공사에 선임되는 안전관리자 수의 총합을 고르면?

- 공사금액 50억 원 이상 120억 원 미만(토목공사업에 속하는 공사의 경우에는 150억 원 미만)으로서 유해·위험방지계획서 제출 대상인 공사: 1명 이상
- 공사금액 120억 원 이상(토목공사업에 속하는 공사의 경우에는 150억 원 이상) 800억 원 미만 또는 상시근로자 300명 이상 600명 미만인 공사: 1명 이상
- 공사금액 800억 원 이상 또는 상시근로자 600명 이상: 2명 이상
  공사금액 800억 원을 기준으로 700억 원이 증가될 때마다 또는 상시근로자 600명을 기준으로 300명이 추가될 때마다 1명씩 추가(공사금액 기준, 상시근로자 수 기준 중 추가 인원이 더 많은 기준에 따름)한다. 다만, 다음 각 목의 어느 하나에 해당하는 공사의 경우에는 해당 목에서 정하는 안전관리자 수를 선임할 수 있다.
  가. 공사금액이 800억 원 이상인 경우에도 상시근로자 수가 600명 미만일 때에는 전체 공사기간을 100으로 하여 공사 시작에서 15에 해당하는 기간과 공사 종료 전의 15에 해당하는 기간: 1명 이상
  나. 공사기간이 5년 이상인 장기계속공사로서 공사금액이 800억 원 이상인 경우에도 상시근로자 수가 600명 미만일 때에는 회계연도를 기준으로 그 회계연도의 공사금액이 전체 공사금액의 5퍼센트 미만인 기간(가목에 따른 공사 시작에서 15에 해당하는 기간과 공사 종료 전의 15에 해당하는 기간은 제외한다): 전체 공사금액에 따라 선임하여야 할 안전관리자 수에서 1명을 줄인 수

[표] A~F의 공사 진행상황

구분	A	B	C	D	E	F
토목공사업 여부	○					
유해·위험방지계획서 제출 대상 여부		○		○	○	○
공사금액	120억 원	60억 원	2,000억 원	2,500억 원	930억 원	1,500억 원
상시근로자 수	500명	200명	1,500명	500명	500명	480명
공사기간	3년	4년	2년	7년	2년	8년
공사 진행상황	60%	55%	10%	80%	92%	88%
전체 공사금액 대비 당 회계연도 공사금액	30%	20%	60%	3%	49%	4%

① 12명　　　　　　　② 13명　　　　　　　③ 14명
④ 15명　　　　　　　⑤ 16명

🕑 **빠른 문항풀이**

계산을 하기 전에 공사금액이 800억 원 이상이면서 가목에 해당하는 경우를 먼저 확인한다. C와 F는 공사금액이 800억 원 이상이면서 가목에 해당하므로 공사금액에 따른 안전관리자 수를 계산하지 않아도 1명 이상임을 알 수 있다.

[자기개발능력] 난이도 ★★★☆☆

03 다음 글을 읽고 B 과장이 자기개발 계획을 수립할 때 발생한 문제점으로 적절한 것을 고르면?

> B 과장은 내년 정기 인사이동 시 중국 지역으로 주재원 파견 발령을 예상하고 있다. B 과장은 현지에 도착한 뒤 중국어를 배우는 것보다는 미리 중국어를 배워 익히는 것이 좋겠다고 생각하고 있다.
>
> 중국어를 배워 두면 주재원 발령 확정 및 승진에도 큰 도움이 될 것이며, 현지에서 인맥을 쌓는 데도 유용할 것이라는 것이 B 과장의 생각이다. 또한 점차 증가하는 한국의 중국어 수요에 맞춰 자녀 교육에도 큰 도움이 되리라 믿고 있다. B 과장은 1년간 최대한 열심히 공부하여 웬만한 일상 대화 정도는 가능한 수준으로 실력을 갖추고자 하며, 업무 중뿐만 아니라 주말에도 가급적 중국어를 접할 기회를 많이 가져 중국어에 익숙해지자 다짐하였다.

① 전략적 판단을 하지 못하였다.
② 인간관계 형성을 고려하지 못하였다.
③ 직무와의 연관성을 고려하지 못하였다.
④ 구체적인 방법으로 계획을 수립하지 못하였다.
⑤ 현재의 부족함만을 고려하였다.

[대인관계능력] 난이도 ★★★☆☆

04 다음은 '윈-윈 갈등 관리법'을 수행하기 위한 단계를 도식화한 것이다. 각 단계에서 자문해 볼 수 있는 내용으로 적절하지 <u>않은</u> 것을 고르면?

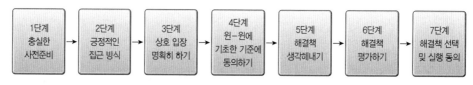

① 1단계: 내가 정말로 원하는 것은 무엇인가?
② 2단계: 나는 우리 모두에게 만족스러운 해결책을 찾고 싶은가?
③ 3단계: 모두를 만족시킬 수 있는 방안은 무엇인가?
④ 4단계: 만약 합당한 조건이 보장되면 그 일을 약속할 수 있는가?
⑤ 5단계: 해결 방법을 모색하기 위한 좋은 아이디어는 무엇인가?

[정보능력] 난이도 ★★★★☆

05 MS Excel을 활용하여 다음과 같이 스파크라인을 작성하였을 때, 스파크라인 작업에 대한 설명으로 옳지 <u>않은</u> 것을 고르면?

	A	B	C	D	E	F
1						
2	오픈캐스트 방문자 수					
3						
4	구분	4월	5월	6월	7월	스파크라인
5	방문자 수	5,983	6,898	8,181	9,313	
6	구독 횟수	1,183	1,346	1,636	1,753	
7	해지 횟수	22	25	41	38	

① 그림과 같은 선 스파크라인으로 나타내려면 그래프 종류 중 '꺾은선형'을 선택한다.

② 스파크라인은 Default로 데이터 범위를 숨기기 한다면 같이 사라져 복원되지 않게 되므로 유의해야 한다.

③ 스파크라인을 지우고자 할 때에는 지우려는 셀을 선택 후 마우스 오른쪽 클릭을 통하여 스파크라인 지우기 메뉴를 선택한다.

④ 스파크라인의 최고점과 최저점을 다른 색으로 표시하고 싶은 경우, '스파크라인 도구' → '디자인'을 선택하여 원하는 표시 색을 선택한다.

⑤ 스파크라인에 0의 값을 갖는 기준점을 만들고자 할 때에는 '스파크라인 도구' → '디자인' → '그룹' → '축' → '축 표시'의 순서로 메뉴를 선택한다.

[기술능력] 난이도 ★★★★☆

06 다음 중 기술관리자에서 기술경영자로의 한 단계 도약을 위해 요구되는 능력을 [보기]에서 모두 고르면?

보기

㉠ 기술을 기업의 전략 목표에 통합시키는 능력
㉡ 기술을 효과적으로 평가할 수 있는 능력
㉢ 시스템적인 관점에서 인식하는 능력
㉣ 신제품 개발 시간을 단축할 수 있는 능력
㉤ 기술 전문 인력을 운용할 수 있는 능력

① ㉠, ㉡ ② ㉢, ㉤ ③ ㉠, ㉣, ㉤
④ ㉡, ㉢, ㉣ ⑤ ㉠, ㉡, ㉣, ㉤

[조직이해능력] 난이도 ★★☆☆☆

07 다음과 같은 조직도에 대한 설명으로 옳은 것을 [보기]에서 모두 고르면?

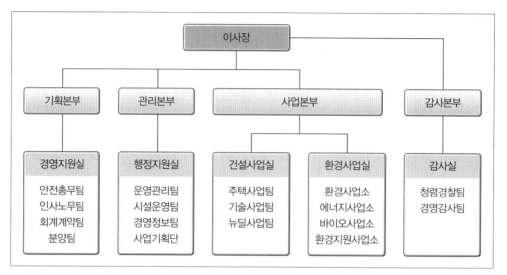

┤ 보기 ├

㉠ 제품이나 프로젝트별로 조직화된 사업별 조직구조이다.

㉡ 사업본부장이 기획본부장이나 관리본부장보다 더 우위의 권한과 결정권을 갖는다.

㉢ 4본부 5실 및 산하조직으로 구성된 조직구조이다.

㉣ 감사본부의 업무는 전체 회사를 대상으로 하며 이사장에게 직접 보고된다.

① ㉠, ㉡   ② ㉠, ㉣   ③ ㉢, ㉣

④ ㉠, ㉡, ㉢   ⑤ ㉡, ㉢, ㉣

[직업윤리] 난이도 ★★☆☆☆

08 다음 중 직업윤리의 의미에 대한 설명으로 적절하지 않은 것을 고르면?

① 전문화된 분업체계로서의 직업에서 요구되는 덕목과 규범은 개인윤리와 동일하다.

② 직업윤리는 개인윤리의 연장선에 있다고 할 수 있다.

③ 모든 사람은 직업의 성격에 따라 각각 다른 직업윤리를 갖게 된다.

④ 직업에 종사하는 현대인으로서 누구나 공통적으로 지켜야 할 윤리기준을 직업윤리라고 한다.

⑤ 직업적 활동이 개인적 차원에만 머무르지 않고 사회 전체의 질서와 안정에 중요한 역할을 수행하기 때문에 직업윤리가 강조되는 것이다.

NCS
실전모의고사

피둘형 출제 공기업 필기시험 문항에 가장 최적화된 최신 유형의 문항으로 출제하였습니다.

영역	문항 수	시간	비고
의사소통능력 수리능력 문제해결능력 자기개발능력 자원관리능력 대인관계능력 정보능력 기술능력 조직이해능력 직업윤리	50문항	55분	객관식 오지선다형 영역분리형

OMR 카드 형태는 월간NCS 마지막 장에 수록되어 있습니다. 절취하여 실전처럼 연습할 수 있습니다. 해당 QR 접속 시 바로 모바일 정답 채점 및 성적 분석이 가능합니다.

◀ 모바일 OMR 바로가기
http://eduwill.kr/DZYV
(2022. 12. 31.까지 유효)

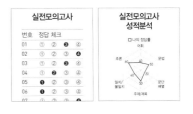

모바일 OMR 채점 서비스

정답만 입력하면
채점에서 성적분석까지 한번에 짝!

☑ [QR 코드 인식 ▶ 모바일 OMR]에 정답 입력
☑ 실시간 정답 및 영역별 백분율 점수 위치 확인
☑ 취약 영역 및 유형 심층 분석

NCS 실전모의고사

01 다음 글의 중심 내용으로 가장 적절한 것을 고르면?

> 근대 철학의 포문을 연 데카르트와 그 후예들의 문제 설정의 중심에는 '주체'라는 개념이 자리 잡고 있었다. 그러나 근대 철학은 헤겔 이후 도전에 직면하였으며, 특히 인간을 모든 것의 중심에 놓는 근대 철학의 지배적 이념이 그 비판의 대상이 되었다.
>
> 근대 철학에 대한 대표적인 비판으로 환경론자들의 주장을 들 수 있다. 환경론자들에 의하면 근대 철학은 이분법적 사고방식에 근거하여 인간을 주체로, 자연을 인간에 의해 인식되고 지배되는 대상으로 파악하였다. 그 결과 인간이 자연의 지배자라는 부당한 이념을 유포시켰다고 주장한다.
>
> 환경론자들은 근대를 주도하고 지배하던, 그리고 오늘날에도 여전히 그 위세를 떨치고 있는 과학기술주의에 주목하였다. 과학기술주의는 근대 철학의 영향으로 자연을 수량화와 계산을 통해 언제나 이용할 수 있는 자원의 창고로 바라보았다. 그 결과 자연 파괴는 물론 그 속에 존재하는 인간의 삶에 전반적인 위기를 초래하였다는 것이 환경론자들의 주장이다.
>
> 이러한 환경론자들의 비판에 철학적 기초를 제공한 현대 철학자로 하이데거를 들 수 있다. 그에 의하면 근대 철학의 근본적 특징은 인간 중심주의이자 이성 중심주의이다. 이는 존재하는 모든 것을 인간에 의해 인식되고 파악되고 지배될 수 있는 대상으로 만드는 계산적 사유에 근거한다. 즉 계산적 사유로서의 이성은 모든 '존재하는 것(존재자)'을 '주체'인 인간의 지배 대상으로 전락시켰으며, 이로 인해 존재자의 본원적인 존재 의미는 사라져 버렸다는 것이다.
>
> 하이데거는 존재자 본연의 존재 의미를 성찰하면서 새로운 사유의 지평을 열었다. 그는 존재자들이 전체 속에서 의미 있게 결합되어 있는 관계로 존재한다고 하면서, 존재자는 그러한 관계로부터 분리될 수 없으며 또한 그 전체 연관성 속에서 그 어떤 것으로도 대체될 수 없는 유일성을 갖는다고 주장하였다.

① 근대 철학의 명과 암
② 근대 철학과 현대 철학의 차이
③ 근대 철학에 대한 환경론자들의 비판
④ 근대 철학을 계승하여 발전시킨 하이데거
⑤ 근대 철학이 자신의 한계점을 극복한 방법

02 다음 글을 읽고 (가)~(마)를 논리적 순서에 맞게 배열한 것을 고르면?

(가) 우리말 음절은 기본적으로 음운들이 결합해 이뤄지기 때문에 음절 내에서 공명도 변화가 나타난다. 음운들이 각각의 공명도를 지니기 때문이다. 예를 들어 '먹'은 세 개의 음운, 즉 초성에 비음 'ㅁ', 중성에 모음 'ㅓ', 종성에 파열음 'ㄱ'이 모여 음절을 이루므로 음절 내에서 공명도 변화가 비교적 크게 나타난다. '물'은 비음 'ㅁ', 모음 'ㅜ', 유음 'ㄹ'이 결합하고 있으므로 '먹'보다는 음절 내의 공명도 변화가 상대적으로 작다.

(나) 그런데 '먹'과 '물' 두 음절이 이어지면 자음동화 현상이 일어난다. 그 결과 선행 음절 종성에 있는 파열음 'ㄱ'이 비음 'ㅇ'으로 변해 [멍물]로 발음되는데, 이는 선행 음절 종성의 공명도에 변화가 나타났다는 것을 의미한다.

(다) 소리의 공명성은 소리가 멀리까지 울리는 성질을 의미한다. 동일한 길이, 강세, 높이로 소리를 낼 경우 공명성이 큰 말소리는 그렇지 않은 말소리보다 더 멀리까지 정확하게 들린다. 입이나 코 또는 성문(聲門)이 더 많이 열리면서 소리를 동반하는 공기의 흐름이 방해를 덜 받기 때문이다.

(라) 음운 중에는 모음이 자음에 비해 공명성이 훨씬 크다. 자음 중에는 혀 주변이나 코로 공기가 흐르며 소리가 나는 유음(ㄹ), 비음(ㅁ, ㄴ, ㅇ)이 공명성이 크다. 혀, 치아, 입술 등에 의해 공기가 막혔다 터지거나 좁은 곳을 흐르며 심한 장애를 받는 마찰음(ㅅ), 파찰음(ㅈ), 파열음(ㅂ, ㄷ, ㄱ)은 공명성이 작다. 공명성의 크기를 측정해 공명도를 나타낼 수 있는데, 유음과 비음은 공명음, 나머지는 장애음이라고 한다.

(마) '먹물→[멍물]'에서 나타나는 음운 변동 현상을 '비음화'라고 하는데, 이는 공명도 변화로 설명할 수 있다. 음절과 음절이 만날 때에는 발음의 편의를 위해 특정 음운이 변동되면서 음절 간의 공명도 차이를 최소화하려는 경향이 있다. 특히 '먹물'처럼 장애음과 비음이 음절 경계에서 만나 선행 음운의 공명도가 후행 음운보다 낮은 경우에는, 후행 음운이 선행 음운보다 높은 공명도로 시작하는 것을 회피하려는 경향이 강하게 나타난다. 이때 선행 음운인 장애음이 비음으로 바뀌면 선행 음운의 공명도가 높아지면서 음절 간 공명도 차이를 줄일 수 있게 되는 것이다.

① (가)-(나)-(다)-(라)-(마)
② (가)-(다)-(라)-(마)-(나)
③ (다)-(가)-(나)-(라)-(마)
④ (다)-(라)-(가)-(나)-(마)
⑤ (마)-(다)-(나)-(라)-(가)

코로나19가 우리 사회에 가져다 준 구조적 변화는 1990년대 후반 이후 미국을 중심으로 진행되고 있는 '디지털 경제'의 가속화란 문구로 요약할 수 있다. 디지털 경제란 협의로는 '온라인 플랫폼 및 이를 기반으로 하는 활동'을 말하며, 광의로는 '디지털화된 데이터를 활용한 모든 활동'을 일컫는다. 그 범위가 어찌되었건 이 시기에 중요한 사실은 4차 산업혁명으로 온라인 플랫폼 등 IT 기술을 기반으로 한 디지털 경제 활동이 코로나19 여파로 급속도로 범위와 속도가 증가하고 있다는 사실이다.

우리나라 역시 IT 기술 발달을 기반으로 시·공간 제약이 없어지는 동시에 인구구조와 산업 면에서 구조적인 변화가 진행되고 있다. 여기에 코로나19로 인해 조금씩 변해가던 정치·사회·경제 활동이 비대면화, 온라인화로 대변되는 디지털 경제로 빠르게 변해가고 있는 것이다. 소비자 입장에서는 쇼핑, 교육, 심지어 건강 서비스까지 온라인화가 빠르게 진행되고 있고, 기업 입장에서는 회사라는 공간적 제약과 출퇴근 시간이라는 시간적 제약에서 벗어나 근무하는 스마트워크가 빠르게 확산되고 있다.

코로나19로 인해 이러한 스마트워크는 근무형태 등의 기업문화를 빠르게 변화시킬 것으로 예상된다. 스마트워크란 말 그대로 시간과 장소에 제약 없이 유연하게 가져가는 근무형태를 말하며 미국, 유럽 등은 이미 스마트워크 체제가 50% 이상 도입되고 있는 상황이다. 유럽과 미국 등의 선진국에서 스마트워크가 빠르게 도입된 것은 저출산, 고령화 등의 인구구조 변화에 대응하기 위함이지만 근본적으로는 IT 기반 기술이 뒷받침되었기 때문에 가능한 것이었다.

우리나라 역시 현재 저출산, 고령화 문제에 심각성을 느끼고 있으며 OECD 국가 중 근무환경이 열악한 상황이므로 IT 기술을 바탕으로 한 스마트워크의 도입은 이번 계기로 빠르게 변화될 것으로 예상된다. 유럽의 경우는 저출산 문제로 1980년대 이후 법제화를 통한 스마트워크가 시작되었고, 미국은 IT 기술의 발전으로 1990년대부터 스마트워크가 시작되었다. 일본은 크게 발전하지 못하다가 2011년 동일본 대지진을 겪으면서 스마트워크의 필요성이 부각되기 시작했다.

대표적인 스마트워크의 해외 사례를 보면 다음과 같다. 구글은 '20% 프로젝트'를 시행 중으로 근무시간의 20%를 직원이 하고 싶은 일에 쓰게 하고 있다. 회의시간만 지키면 나머지 근무시간은 전적으로 구성원의 자율에 맡기는 것이다. 기존에는 북미지역 위주로 실행했으나 이번 코로나19로 인해 유럽, 아프리카, 중동까지 재택근무 형태의 스마트워크가 활발해지고 있다. 유니클로는 2015년부터 근로자 1만 명을 대상으로 '주 4일 근무제'를 실시하고 있으며, 도요타와 아지노모토 등의 제조업체에서도 사무직 등을 대상으로 재택근무를 실시하고 있다. 물론 예외 기업이 없는 것은 아니다. 24년간 직원의 40%가 원격·재택근무를 시행하다가 폐지한 IBM의 사례가 대표적이다.

스마트워크의 도입이 물론 장점만을 갖고 있는 것은 아니다. 협업에는 다소 불편하고 효율성이 떨어진다는 단점을 가지고 있는 것이 사실이다. 그럼에도 불구하고 객관적으로 평가해 보면 스마트워크는 개인과 기업 모두에 미치는 긍정적 효과가 더 크다.

그런데 해외 선진국의 스마트워크 활용률이 50% 이상인 데 비해 우리나라의 스마트워크 활용률은 25% 내외를 보이고 있다. 특히 재택근무 형태는 더 저조한 상황인데, 미국이 38%, 일본이 12%인 데 비해 우리나라는 4% 수준에 머물러 있다. 우리나라의 기업들 중 그나마 공기업이 30% 수준으로 스마트워크 도입률이 상대적으로 높은 편에 속한다.

스마트워크는 이제는 검토 대상이 아닌, 당연한 근무형태의 하나가 되어가고 있다. 일괄적인 생산체제보다는 다양한 사고와 창의성이 중요해지고, 집단주의보다는 개인주의, 노동인구의 감소, 워라밸(work-life balance)을 중시하는 사회 트렌드 변화에 맞는 결과물이기 때문이다. 향후 이러한 스마트워크는 코로나19로 인해 그 확산속도가 더욱 빨라질 것이기 때문에 기업은 이에 맞는 IT 솔루션에 대한 투자 및 조직문화 정비에 빠르게 대비해야 할 것이고, 구성원들은 스마트워크 시대에 맞는 의식 변화를 이루어야 할 것이다.

① 우리나라는 인구구조 면에서는 노동인구의 감소가 나타나고 산업 면에서는 4차 산업으로의 이동이라는 구조적인 변화가 진행되고 있다.

② 선진국에서 IT 기반 기술이 뒷받침되지 못했다면 인구구조의 변화에도 불구하고 스마트워크를 도입하기 어려웠을 것이다.

③ 미국과 일본, 유럽에서는 스마트워크 도입이 활발한데, 특히 유럽에서는 스마트워크를 법제화했다.

④ 선진국에 비해 우리나라가 여전히 스마트워크 도입에 대한 기업들의 태도가 미온적인 이유는 협업에 불편하기 때문이다.

⑤ 디지털 경제가 우리 생활에 접목되었을 때 느껴지는 변화는 소비자 입장에서는 온라인화, 기업 입장에서는 스마트워크화이다.

04 다음 글을 읽고 '적정 기술'에 대해 바르게 이해한 것을 고르면?

20세기 말까지만 해도 소수의 시민운동가나 대안 운동가에게만 관심의 대상이었던 적정 기술이 이제는 일반 대중에게도 큰 관심거리가 되었다. 1960년대 중반에 제3세계의 경제적·기술적·사회적 문제들이 제기되자, 전통 사회의 기존 조건들과 기술적 발전이 조화를 이루면서 경제적 개선을 도모할 수 있는 방법을 개발하려는 노력이 시작되었다. 이러한 맥락에서 영국의 경제학자 슈마허는 제3세계 빈곤국의 필요에 적합한, 값싸고 소박한 기술 개념으로 '중간 기술'을 제안하였다. 오늘날 적정 기술 운동의 기초가 된 그의 제안은 종종 '대안 기술' 또는 '적정 기술'로 표현되었는데 지금은 후자의 표현을 선호하고 있다.

이후 적정 기술이 무엇인가에 대한 많은 논의가 이루어졌다. 대표적으로 바커는 적정 기술을 '인간이 기본적인 생활을 영위하는 데 필요한 모든 기술'로 정의하였다. 그는 의식주, 건강, 교육과 같은 인간의 기본적인 필요를 충족하여 주지 못하는 기술은 적정한 기술이라고 볼수 없으며, 따라서 하위 20퍼센트의 사람들이 혜택을 받지 못하는 상태로 만든 경제 성장 전략과 이를 뒷받침하는 기술은 적정 기술이 될 수 없다고 주장하였다.

오늘날 적정 기술의 필요성은 개발도상국과 선진국 모두에서 점점 강조되고 있다. 이는 현대 사회의 문제점과 관련된다. 현대 사회는 강력한 위기들이 동시다발적으로 발생하고 있다. 기후 변화, 지진과 같은 자연재해, 성장 위주 경제 발전의 부작용, 석유와 같은 원자재 가격 변동 등은 이제 항시적인 위기가 되었다. 그리고 이러한 각종 위기들은 최첨단 기술의 문제점을 부각하였다. 최첨단 기술이 위기 상황에 취약한 것은 '지속 가능성'에 취약하게 설계되었기 때문이다. 최첨단 기술은 중앙 집중적이고 거대한 시스템의 구축이 필요하다. 그리고 이런 시스템을 지속하려면 과도한 에너지 소비와 인위적인 관리가 필요하다. 이러한 중앙 집중적이고 기술 집약적인 최첨단 기술은 그것을 사용하는 사람들의 기술에 대한 의존도를 높인다.

반면에 적정 기술은 기본적으로 지속 가능한 시스템을 배경으로 작동한다. 적정 기술은 노동력이 풍부한 곳에서는 노동력을 활용하는 방법을 모색하고, 재생 에너지가 풍부한 곳에서는 재생 에너지를 활용하는 방법을 찾는다. 이를 통해 중앙 집중식 기술에 대한 의존을 줄이고 소규모 단위의 자립적 생존을 도모한다. 이런 점에서 적정 기술은 위기 상황에 취약한 최첨단 기술을 보완할 수 있는 기술로서 그 유용성이 주목받고 있으며, 현대 사회의 각종 위기에 대한 해결 방안으로 그 필요성이 강조되고 있는 것이다.

① 21세기에 생겨난 용어이다.
② 슈마허가 최초로 사용한 용어이다.
③ 바커는 '적정 기술'의 외연을 확대하였다.
④ 사람들을 최첨단 기술에 의존하게 만든다.
⑤ 최첨단 기술의 약점을 보완하기 위해 개발되었다.

도시재생은 공간과 거리를 바꾸는 일이자, 풍경을 바꾸는 일이다. 코로나19로 인한 상황이 1년이 넘어가면서 사람들의 활동반경이 집을 중심으로 재구성되었고 '생활권 경제'가 부상하고 있다. 언택트 시대의 온라인 플랫폼의 확장만큼, 오프라인에서는 '우리 동네', 즉 로컬 중심의 새로운 경제 생태계가 구성되고 있다. 일을 따라서 도시로 가는 것이 아니라 살고 있는 지역에서 새로운 라이프스타일을 만들어 가는 것, 청년 도시재생은 그렇게 탄생한다.

(   ) 도심의 활력 부여를 위해서는 젊은 층의 사업 참여가 핵심인 만큼, 도시재생 뉴딜을 플랫폼으로 다양한 분야의 청년 일자리를 창출해야 한다. 여기에서 청년들은 도시재생을 통해 삶을 풍요롭게 하는 자연 환경이나 지역사회가 공유하는 역사·문화 경험들을 활용해 지역에 특화된 콘텐츠를 만들어 낸다. 그렇게 지역공동체와 상생하는 청년창업은 새로운 모델을 만들어 간다.

전문성을 갖춘 청년들의 협력과 주체적인 참여를 이끌어 낼 수 있을 때, 도시의 기능은 강화되고 산업 생태계를 만들어 갈 수 있다. 정부는 전문성을 갖춘 청년 인력이 도시재생 분야의 다양한 영역에서 전문가로 활동할 수 있도록 대학과 공공기관, 도시재생 지원센터 등과 연계해 전문 인력 양성에 적극적으로 나서고 있다. 청년들이 도시재생 분야에 생기를 불어넣어 도시 혁신의 바람이 일기를 기대하는 이유에서이기도 하다. 미래학자 앨빈 토플러는 "젊은 날의 매력은 꿈을 위해 무엇을 저지르는 것"이라고 말했다. 이에 정부는 청년들의 꿈이 현실화될 수 있도록 청년들을 돕는 지원군이 되고자 노력하고 있다.

정부는 도시재생 사업과정이나 그 과정에서 생긴 공간을 활용해 다양한 도시재생형 비즈니스 모델을 개발하고 이에 지원함으로써 주민과 청년들이 지역에서 다양한 일자리를 찾을 수 있게 할 계획이다. 혁신거점에는 청년들을 위해 시세 대비 50% 수준의 저렴한 임대료로 들어갈 수 있는 창업 인큐베이팅 공간이 제공된다. 또한 시세 대비 80% 수준으로 최대 10년간 이용할 수 있는 공공임대상가와 사무공간도 들어선다. 이를 통해 창업가들은 창업 과정에서 전문가 멘토링, 시제품 사업화 진단 등 다양한 지원을 받을 수 있다.

① 도시재생 뉴딜은 계획서 또는 돈으로만 하는 도시재생이 아니라 지역재생을 이끌어내는 일이다.
② 도시재생을 통해 지역의 청년단체, 창업가, 청년상인, 대학생 등으로 구성된 청년조직, 지역대학이 함께 힘을 모아 청년창업지원센터, 스타트업 공유 공간, 청년주택 등을 마련할 수 있다.
③ 도시재생 뉴딜은 다양한 활동가들을 한자리에 모아 청년들이 직면한 일자리 문제와 원도심 활성화를 해결하기 위한 아이디어를 발굴해 실제 일자리 창출로 연결, 구직활동을 지원한다.
④ 도시재생 뉴딜은 단순 물리적 환경개선뿐 아니라 원도심의 사회·경제·문화적 종합재생을 추진하는 사업이다.
⑤ 도시재생 뉴딜을 통한 지속가능한 도시, 경쟁력을 갖춘 도시의 청사진을 완성하기 위해 무엇보다 중요한 것은 전문성을 갖춘 젊은 인력들의 참여와 관심이다.

자기부상열차는 바퀴와 선로의 마찰로 전진시키는 기존의 열차와 달리 자기력을 이용해서 열차를 선로 위에 낮은 높이로 부상시켜 움직이는 열차를 말한다. 자기부상열차가 움직이기 위해서는 열차를 선로로부터 띄우는 힘과 열차를 원하는 방향으로 진행시키는 두 가지 힘이 필요하다.

자기부상열차는 같은 극끼리 미는 힘이 작용하는 자석의 원리를 이용한다. 열차 바닥과 선로를 같은 극의 자석으로 만들어 열차가 뜨게 하는 것이다. 열차가 선로 위를 뜬 채로 움직이면 마찰이 없으므로 매우 고속으로 달릴 수 있다. 하지만 수백 톤이 넘는 열차를 띄우려면 엄청나게 강한 자석이 필요하다. 이렇게 강한 자석을 만들려면 쇠막대를 코일로 감아서 높은 전류를 흘려보내야 한다. 그러나 이렇게 높은 전류를 흘려보내면 코일이 모두 녹아 버린다. 이러한 문제를 해결하기 위해 사용하는 것이 초전도 자석이다. 초전도 자석에 사용된 코일은 저항이 거의 0에 가깝다. 아무리 높은 전류를 흘려보내도 저항이 거의 없으므로 코일에 열이 발생하지 않고 이 때문에 열차를 띄울 수 있는 강한 전자석을 만들 수 있다.

자기부상열차를 선로에서 띄우는 방식은 두 가지로, 반발식 자기부상과 흡인식 자기부상이 대표적이다. 반발식 자기부상은 자석의 같은 극끼리 서로 밀어내는 힘을 이용해서 열차를 띄우는 방식이다. 반발식 자기부상열차는 보통 열차에 장착한 강한 자석과 궤도에 연속적으로 배치한 코일로 구성된다. 궤도코일의 윗면을 열차의 자석이 이동하게 되면 전자기 유도원리에 의해 코일의 자기극은 이동하는 자석과 같은 극이 되어, 두 극 사이에 반발력이 발생하게 된다. 열차의 자석이 N극일 때 레일의 전자석도 같은 N극이어서 서로 밀어내게 되고, 이때 그 앞의 전자석은 S극이므로 열차가 앞으로 가는 동안 전자석의 전류방향을 반대로 하여 N극으로 바꾸게 되면 열차의 부상은 계속 유지되게 된다. 이와 같이 반발식 자기부상열차는 열차와 레일간격이 작아지면 자동적으로 반발력이 증대하여 부상하게 되므로 별도의 자기력 제어를 하지 않기도 한다. 하지만 차량운동을 제어할 수 없기 때문에 승차감이 떨어진다.

흡인식 자기부상은 자석의 다른 극끼리 끌어당기는 힘을 이용해 열차에 설치된 전자석을 잡아당기는 힘으로 열차가 부상한다. 흡인식 자기부상열차는 주로 열차에 있는 전자석이 철제의 레일 아래에서 위쪽으로 달라붙는 구조를 갖고 있다. 여기서 전자석에 전류가 흐르면 철판에 붙으려는 힘, 즉 레일 쪽으로 흡인력이 발생하여 전자석과 함께 차체가 위쪽 방향으로 올라감으로써 부상되는 것이다. 이때 전자석에 전류가 계속 흐르면 흡인력이 계속 유지되고, 전자석은 결국 레일 아래에 붙게 되는데, 이렇게 되면 열차는 움직일 수 없게 된다. 따라서 레일에 붙기 전에 전류를 끊으면 전자석의 흡인력이 없어지고 부상이 정지되어, 열차 무게 때문에 아래 방향으로 내려가게 된다. 또한 전류가 계속 끊어져 있으면 흡인력이 없기 때문에 열차는 레일 위에 닿아 올려져 있는 모양이 되어 역시 움직일 수 없게 된다. 따라서 열차가 완전히 레일 위로 내려앉기 전에 다시 전류를 흘려 흡인력을 발생시키고, 열차가 부상되도록 한다. 이와 같은 전자석의 동작을 반복함으로써 열차가 레일과 일정간격을 유지하면서 부상되어 있도록 한다. 흡인식 자기부상열차는 항상 부상제어를 해야 하는 단점이 있지만 차량의 운동을 제어할 수 있기 때문에 승차감이 좋고 속도에 상관없이 부상할 수 있다.

06 다음 중 글의 내용과 일치하는 것을 고르면?

① 코일을 쇠막대에 감아 낮은 전류를 흘려보내면 강한 자석을 만들 수 있다.
② 흡인식 자기부상열차는 열차 쪽으로 흡인력이 발생하여 부상하는 방식이다.
③ 반발식 자기부상은 자석의 같은 극끼리 서로 당기는 힘을 이용하는 방식이다.
④ 반발식 자기부상과 흡인식 자기부상은 자기부상열차의 대표적인 부상 방식이다.
⑤ 자기부상열차가 선로로부터 부상하기 위해서는 같은 방향의 두 가지 힘이 필요하다.

07 다음 중 글을 읽고 추론한 내용으로 적절하지 <u>않은</u> 것을 고르면?

① 자기부상열차는 초전도 자석 기술력이 필요하다.
② 열차의 속도는 선로와 열차의 마찰에 영향을 받는다.
③ 흡인식 자기부상열차의 전자석에 흐르는 흡인력이 줄어들면 열차와 레일의 간격은 줄어든다.
④ 자석의 다른 극끼리 끌어당기는 힘을 이용하면 전자기 유도원리를 활용하여 항상 부상할 수 있다.
⑤ 반발식 자기부상은 레일 전자석의 전류방향을 바꾸면서 열차의 부상을 유지한다.

애착이란 쉽게 말해 아이와 양육자(대개는 엄마) 사이의 사랑의 끈 혹은 정서적 유대가 맺어지는 것을 의미한다. 아이의 젖을 빠는 행동, 울음, 엄마에게 매달리는 것, 엄마의 눈을 쳐다보는 것과 같은 행동은 엄마의 사랑과 보호 본능을 불러일으킨다. 반대로 엄마가 아기에게 애정을 가지고 관심을 기울이면서 아이의 신호에 적절하게 반응을 보일 때도 사랑의 끈이 잘 형성된다. 이런 점에서 애착은 짝사랑이 아니라 엄마와 아기 간의 적극적인 상호작용에 의해 형성된다고 볼 수 있다.

이 애착 관계의 형성은 아기의 생존을 위해서도 필수적이며 엄마의 행동을 보다 쉽게 보고 모방할 수 있는 기회가 된다. 영국의 정신분석가인 존 보울비(John Bowlby)의 애착이론은 오스트리아 학자 콘라트 로렌츠(Konrad Lorenz)의 동물행동학에 뿌리를 두고 있다. 로렌츠는 인공부화로 갓 태어난 새끼 오리들이 태어나는 순간에 처음 본 움직이는 대상, 즉 사람인 자신을 마치 어미오리처럼 졸졸 따라다니는 것을 관찰하였다. 그는 이런 생후 초기에 나타나는 본능적인 행동을 각인(Imprinting)이라고 불렀다. 보울비는 인간의 유아에서도 이런 비슷한 경향이 있음을 보고 애착이론을 내놓게 되었다.

엄마라는 안전한 정서적 기반을 가진 아동들은 더 이상 엄마와 가까이 붙어 있어야 할 필요가 없어진다. 그 결과 더 새로운 세상을 탐색할 수 있는 자유가 생기게 되어, 새로운 행동을 시도하고 새로운 방식으로 문제에 도전하며, 낯선 것에 보다 더 긍정적인 태도를 갖게 된다.

정상발달에서 6~7개월이 되면 어머니에게 매달리고 어머니와 떨어지는 것을 두려워하며(이별 혹은 분리불안), 8~12개월 사이에는 낯선 사람을 무서워하게 된다(낯가리기 혹은 외인불안). 이 시기가 지나 애착이 확립되면 이런 모습은 자연스럽게 서서히 줄어든다. 아이 쪽에 어떤 문제가 있어서 애착이 잘 이루어지지 않는 경우의 대표적인 병은 자폐증이며, 환경의 문제가 원인이 되어 애착형성에 장해가 생기는 것을 반응성 애착장애라고 부른다. 아기는 어머니로부터 받는 보호와 사랑, 접촉을 통하여 이 낯선 세상이 근본적으로 자신에게 좋으며 세상이 자신을 환영한다는 것을 느끼게 된다. 그 결과 자기 자신과 어머니에 대한 기본적인 신뢰감과 안정감이 형성된다. 이런 경험이 반복되면서 주위의 모든 사람에 대해서도 신뢰감이 점차 확대되어 간다.

반대로 배고파서 또는 기저귀가 젖어서 울어도 엄마가 적절한 대응을 해 주지 않는다면 아기는 주변 세계에 대해 부정적인 생각, 즉 불신을 가지게 된다. 에릭 에릭슨(Erik Erikson)은 이 시기의 주된 과제 중 하나는 기본적 신뢰감 형성이라고 보았다. 그는 이 시기를 인생에서 가장 중요한 시기라고 보았는데, 그 이유는 이 시기에 형성된 신뢰감이 나중의 대인관계에서 적응을 성공하느냐 실패하느냐를 결정하기 때문이다.

아기들은 새로운 외부 환경에 대처하기 위해 쳐다보기, 빨기, 쥐기 등을 통해 조직화되고 효율적인 감각운동 기술을 점차 발달시킨다. 처음에는 이런 것들이 각각 별도로 이루어지다가, 손을 입으로 움직여서 빠는 방식으로 여러 신체활동을 조직적으로 할 수 있게 되고, 점차 자신의 보거나 쥐는 대상에 어떤 의도적인 변화를 주어보려고 시도한다. 점차 숨겨진 물체의 존재를 인식하기 시작하고 나름대로 여러 가지 다른 결과들을 관찰하기 위해 서로 다른 행동을 의도적으로 시도한다. 이 과정에서 반복과 시행착오를 반복하는 것이 대부분이며, 이는 인지의 발달을 위해서 꼭 필요하다.

① "낳은 정(情)이냐 키운 정(情)이냐"라고 말할 때 키운 정의 상당 부분은 애착과 관련이 있을 것이다.
② 아이가 엄마에게 애착을 잘 형성했다면 나중에 엄마와 떨어져 있어도 불안을 느끼지 않을 가능성이 높다.
③ 12개월 이내의 아기가 엄마와 분리불안을 나타내고 낯선 사람을 무서워하는 것은 애착형성이 잘 되었다는 증거이다.
④ 아기를 키울 때, 정해진 시간에 먹이고 울어도 반응하지 말라는 소아과 의사의 지시는 따르지 않는 것이 좋다.
⑤ 인지 발달과정에서 필수적일 수 있는 아기들의 반복행동과 시행착오에 대해 부모가 허용적이고 참을성 있는 태도를 가져야 할 것이다.

09 다음 글의 ㉠~㉢에 들어갈 단어를 바르게 짝지은 것을 고르면?

> 대출시장은 은행, 저축은행, 상호금융, 신용협동조합 등과 같은 예금취급 금융기관을 통해 다수의 예금자로부터 자금이 (㉠)되어 최종 자금수요자에게 공급되는 시장을 말한다. 또한 신용카드회사와 같은 여신전문금융회사가 제공하는 현금서비스나 판매신용도 대출시장에 포함된다. 대출시장은 차주에 따라 기업대출시장과 가계대출시장으로 구분할 수 있다.
> 전통적 금융시장은 거래되는 금융자산의 만기에 따라 자금시장(Money Market)과 자본시장(Capital Market)으로 (㉡)된다. 자금시장은 단기금융시장이라고도 하는데 콜시장, 한국은행 환매조건부증권매매시장, 환매조건부증권매매시장, 양도성예금증서시장, 기업어음시장 등이 자금시장에 해당된다. 자본시장은 장기금융시장이라고도 하며 주식시장과 국채, 회사채, 금융채 등이 거래되는 채권시장 그리고 통화안정증권시장 등이 여기에 속한다.
> 외환시장은 외환의 수요와 공급에 따라 외화자산이 거래되는 시장으로 우리나라에서는 교역규모 확대, 외환자유화 및 자본시장 개방, 자유변동환율제 도입 등에 힘입어 주로 원화와 달러화를 중심으로 이종통화 간의 거래가 활발히 이루어지고 있다. 한편 외환시장은 전형적인 점두시장의 하나로서 거래 당사자에 따라 외국환은행 간 외환매매가 이루어지는 은행 간 시장(Inter-bank Market)과 은행과 비은행 고객 간에 거래가 이루어지는 대고객시장(Customer Market)으로 구분된다. 은행 간 시장은 금융기관, 외국환중개기관, 한국은행 등의 참여하에 대량의 외환거래가 이루어지고 기준환율이 결정되는 도매시장으로서 일반적으로 외환시장이라 할 때는 은행 간 시장을 말한다.
> 파생금융상품시장은 전통 금융상품 및 외환의 가격변동위험과 신용위험 등 위험을 관리하기 위해 고안된 파생금융상품이 거래되는 시장이다. 우리나라의 경우 외환파생상품 위주로 (㉢)되어 왔으나 1990년대 중반 이후에는 주가지수 선물 및 옵션, 채권선물 등이 도입되면서 거래수단이 다양화되고 거래규모도 크게 확대되고 있다.

	㉠	㉡	㉢
①	조달	구분	발전
②	조달	구별	발전
③	공급	구분	발현
④	공급	분류	발현
⑤	확보	구분	발현

10 다음 글의 ⊙~ⓒ에 들어갈 접속사를 바르게 짝지은 것을 고르면?

> 국제화된 현대사회에서 공항을 이용한 비행기 여행은 우리의 생활에 친숙하지만 언제 테러리스트들의 목표물이 되어 우리의 안전을 위협할지 모른다. 9·11테러사건으로 대변되는 항공 테러리즘은 현대를 살아가는 우리들에게 상상을 초월한 공포를 안겨주고 있다. 1931년 페루에서 세계 최초의 항공기 납치사건이 발생한 이래 세계 각국의 보안당국은 항공 테러리즘을 차단하기 위해 다양한 예방조치를 취해 왔다. 항공 테러를 예방할 수 있는 가장 현실성 있는 조치는 항공기 탑승객들의 신체와 화물을 검색하여 폭발물 등 위해물품이 있는지를 적발함으로써 테러리스트의 접근을 통제하는 보안검색활동일 것이다.
>
> (⊙) 우리나라의 보안검색활동은 9·11테러 이후 테러의 위험에 따른 공공성을 더욱 강화한 선진 각국의 보안검색활동과 달리 공항운영의 효율성을 기하기 위해 민간경비 중심의 보안검색활동으로 전환하였다. 즉 2001년 3월 인천공항이 개항된 이후 경찰 중심의 보안검색체제가 공항운영자인 공항공사가 보안검색 업무를 지도·감독하며, 현실적인 보안검색활동은 민간경비요원이 담당하게 하도록 변경된 것이다. 그러나 이와 같은 검색체제는 민간경비요원의 직무만족도 저하와 감독체계의 혼선으로 말미암아 갈수록 조직화·지능화되고 있는 테러리스트들의 테러활동을 차단하는 데 한계가 있다.
>
> (ⓛ) 민간기업의 경영관리전략 중의 하나인 위험관리 기법을 보안검색활동에 도입하여 정기적으로 항공테러의 위험요소를 확인·분석하고, 우선순위 설정, 위험감소활동, 보안성 평가의 각 과정을 거침으로써 테러활동을 예방할 수 있을 것이다. 또한 테러의 위험이 심각한 경우 경찰관을 검색대에 배치하는 등 테러위협의 정도에 따라 보안검색의 수준을 적절히 변경하는 등의 노력도 필요하다. (ⓒ) 현장의 보안검색활동과 감독기능의 원활한 소통을 위해서 항공보안검색을 전담할 국가경찰기구를 설립하여 항공보안업무의 체계화와 전문화를 도모한다면 항공테러라는 거대위험의 두려움을 감소시켜 비행기 여행의 안전을 보장할 수 있을 것이다.

	⊙	ⓛ	ⓒ
①	그러나	그리고	따라서
②	그러나	따라서	한편
③	그리고	따라서	한편
④	하지만	또한	한편
⑤	하지만	그러나	따라서

11 다음 글의 내용과 일치하지 <u>않는</u> 것을 고르면?

국토교통부는 4월 21일 대전시·충청남도·국가철도공단·한국철도공사와 '계룡~신탄진'을 잇는 '충청권 광역철도 1단계 건설사업'의 원활한 건설 및 운영을 위한 업무협약을 체결한다고 밝혔다. 충청권 광역철도 1단계는 기존 운영 중인 일반철도 노선을 개량해 전동차를 투입·운영하는 사업으로 새로 노선을 건설하는 신설형 사업에 비해 사업비를 대폭 절감하고 호남고속철도 1단계 개통 이후 낮아지고 있는 일반철도의 활용도를 제고하는 효과가 있다. 해당 사업은 2015년 8월 광역철도 지정 이후 예비타당성 조사, 기본계획 고시 등 후속절차를 거쳐 2019년 12월부터 기본설계 및 실시설계를 진행하고 있다.

충청권 광역철도 1단계는 계룡~신탄진 구간에 정거장 12개소를 설치하며 총사업비는 약 2,307억 원이다. 해당 구간 개통 시 1일 65회 운행될 예정이고 용두, 서대전·오정 등 기존 대전 도시철도와 환승이 가능하며 연간 약 700만 명이 이용할 것으로 예상된다. 이번에 체결된 협약은 사업의 본격적인 착공에 앞서 원활한 개통 및 운영을 위해 기관별 업무범위를 명확하게 정하기 위한 것으로 협약에 따라 국가는 광역철도를 건설하고 지자체는 차량소유 및 운영손실금 등을 부담하며 철도공사는 열차를 운행하는 등 기관별 역할을 수행할 예정이다. 충청권 광역철도 1단계는 협약 체결 이후 실시설계 및 전동차량 제작 착수 완료 후 2022년부터 본격적인 공사를 시작해 2024년 말 개통할 계획이라고 전했다.

국토교통부 김○○ 철도국장은 "국토 균형발전을 위해서 수도권과 대응하는 비수도권의 광역권 형성을 위한 광역철도 중심의 광역 교통망 구축이 필요하다"고 하면서 "이번 사업으로 대전시를 포함한 충청권 주요 거점도시 간 접근성이 크게 향상되며 향후 대전도시철도와 연계, 충청권 광역철도 2단계 및 옥천 연장 등 확장을 통해 충청권 광역 경제권·생활권 형성 등 지역 균형발전에 크게 기여할 것"이라고 했다.

대전광역시 조○○ 트램도시광역본부장은 "충청권 광역철도 1단계는 충청권 광역철도망 시발점이라는 큰 의미가 있으며 경부선과 호남선 철도시설의 효율성을 높이고 지역 간 접근성 향상 등 교통 소외 지역의 불편이 크게 해소될 것"이라며 "앞으로 충청권 메가시티 구상 실현을 앞당기고 하나의 광역생활권으로서 지역 상생 및 균형발전의 토대가 될 것으로 기대한다"고 말했다.

충청남도 박○○ 건설교통국장은 "충청권 광역철도 1단계 사업을 통해 충청·대전 간 철도 중심의 대중교통 접근성이 크게 향상될 것으로 기대한다"면서 "국가 균형발전과 충청권 메가시티 완성을 위한 초석이 될 수 있도록 원활한 사업 추진을 위해 국토부, 대전시, 철도공단, 철도공사와 적극 협조할 계획"이라고 밝혔다.

① 충청권 광역철도 건설은 국가와 지자체, 철도공사가 기관별로 역할을 수행할 예정이다.
② 일부 지자체에서는 충청권이 하나의 광역생활권으로서 지역 상생의 토대가 될 것으로 기대한다.
③ 국토교통부는 충청권 광역철도가 충청도 내에서의 지역 균형발전에 크게 기여할 것으로 본다.
④ 충청권 광역철도는 새로 노선을 건설하는 신설형 사업이 아니기 때문에 사업비를 대폭 절감할 수 있다.
⑤ 충청권 광역철도는 기존 대전 도시철도와 환승이 불가능하기 때문에 일반철도의 활용도를 제고해야 한다.

12 다음은 '경청'의 의미에 대한 설명이다. 빈칸에 들어갈 말로 적절하지 <u>않은</u> 것을 고르면?

> 상대방에 대한 이해는 상대방의 말을 잘 듣는 데서부터 시작된다. 그렇다면 상대방의 말을 잘 듣는다는 것은 상대방의 무엇을, 어떻게 들어야 한다는 의미일까?
> 경청은 친밀감을 형성하고 유지시켜 주는 가장 중요한 효율적인 의사소통 기술이다. 상대방의 말을 잘 들을 수 있을 때 그 사람을 더 잘 이해하고, 서로 이해한 마음을 나눔으로써 친밀감을 형성한다. 그러나 상대방의 말을 진정으로 잘 듣는다는 것은 매우 힘든 일이다. 경청은 (   )이기 때문이다.

① 상대방을 존중하는 것으로서, 자신의 관심과 욕구와 편견을 한쪽으로 밀어 놓고 상대방을 진정으로 이해하고 공감하겠다는 의지의 표현
② 상대방이 말하고자 하는 모든 메시지에 반응하는 매우 적극적인 과정
③ 상대방에게 관심을 집중시키고, 말을 열심히 정성 들여 듣는 아주 능동적인 과정
④ 열심히 들어 줄 사람이 있을 정도로 중요한 사람임을 깨닫게 하며, 동시에 내적인 긴장을 해소시키는 의미를 갖는 것
⑤ 모든 신경을 귀에 집중시켜 상대방의 말을 적극적으로 귀담아듣고 '왜?'라는 질문을 적극 활용하여 상대방의 말을 온전히 이해하는 것

13 다음 [표]는 2021년 5개 산업의 매출액 및 부가가치액에 관한 자료이다. 이에 대한 설명으로 옳지 <u>않은</u> 것을 고르면?

[표] 2021년 5개 산업 매출액 및 부가가치액

(단위: 십억 원)

구분	출판	만화	음악	게임	영화
매출액	20,766	976	5,308	10,895	5,256
부가가치액	8,815	393	1,913	4,848	1,780

※ 부가가치율(%)= $\frac{부가가치액}{매출액} \times 100$

① 5개 산업 중 부가가치율이 가장 높은 산업은 게임 산업이다.
② 출판 산업의 부가가치율은 영화 산업의 부가가치율보다 높다.
③ 게임 산업과 만화 산업에 대한 부가가치율의 차는 4%p 이상이다.
④ 5개 산업 중 부가가치율이 두 번째로 낮은 산업은 음악 산업이다.
⑤ 5개 산업 중 부가가치율이 두 번째로 높은 산업의 부가가치율은 43% 이상이다.

14 다음 [표]는 2020년 A시 인구·세대수·승용차 등록대수, [그래프]는 세대당 승용차 보유대수 및 전년 대비 인구·세대수 증가율에 관한 자료이다. 이에 대한 설명으로 옳은 것을 고르면?

[표] 2020년 A시 인구·세대수·승용차 등록대수 (단위: 명, 세대, 대)

인구	세대수	승용차 등록대수
2,418,346	1,056,627	1,027,075

[그래프] 세대당 승용차 보유대수 및 전년 대비 인구·세대수 증가율 (단위: 대, %)

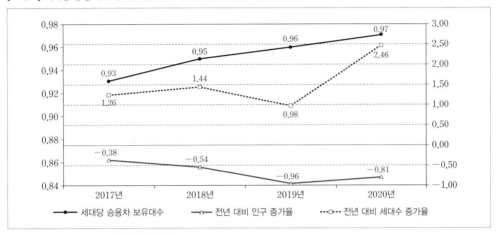

※ 세대당 승용차 보유대수＝$\dfrac{\text{승용차 등록대수}}{\text{세대수}}$

① 2019년 인구와 세대수 모두 전년 대비 증가하였다.
② 2020년 인구와 세대수 모두 전년 대비 증가하였다.
③ 2017~2020년 동안 승용차 등록대수는 매년 증가하였다.
④ 2019년 승용차 등록대수는 2020년 승용차 등록대수보다 많다.
⑤ 2020년의 전년 대비 승용차 등록대수 증가량과 세대수 증가량은 같다.

15 다음 [그래프]는 3월 기온 분포 및 2021년 평균기온과 강수량에 관한 자료이다. 이에 대한 설명으로 옳은 것을 [보기]에서 모두 고르면?

[그래프1] 3월 기온 분포

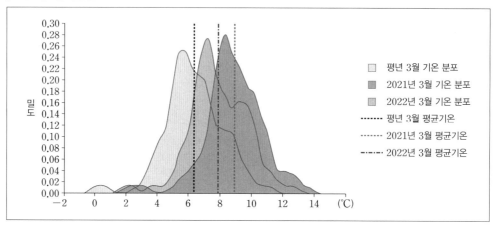

※ 평년: (일기 예보에서) 지난 30년간의 기후의 평균적 상태

[그래프2] 2021년 평균기온　　　　　(단위: ℃)　　　[그래프3] 2021년 강수량　　　　　(단위: mm)

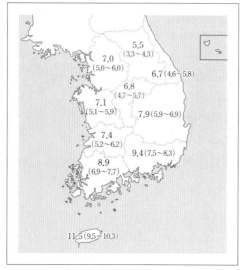

※ ( ) 안의 숫자는 평년 기온임　　　　　　　　　　※ ( ) 안의 숫자는 평년 강수량임

┤ 보기 ├

- ㉠ 3월 기온 분포와 평균기온 모두 해가 갈수록 높아졌다.
- 2021년에 전국적으로 평균기온은 평년보다 높았고, 강수량은 대체적으로 평년보다 많았다.
  - (평균기온) ㉡ 전국적으로 5.5~11.5℃(평년 약 3.3~10.3℃) 내외의 분포를 보이며 평년보다 높았다. ㉢ 제주도, 경남, 전남 등 전국 모든 지역의 평균기온이 평년보다 높았다.
  - (강수량) 전국 강수량은 89.3mm로 평년(42.7~58.5mm)보다 많았고, ㉣ 제주도, 전남, 강원영동, 경남 등 전국 모든 지역의 강수량이 평년보다 매우 많았다.

① ㉠, ㉡　　　　　　　　② ㉠, ㉢　　　　　　　　③ ㉡, ㉢
④ ㉡, ㉣　　　　　　　　⑤ ㉢, ㉣

16 다음 [표]는 2021년 상반기 서울특별시의 연령대별 응급실 이용 현황에 관한 자료이다. 이에 대한 설명으로 옳은 것을 고르면?

[표] 2021년 상반기 서울특별시의 연령대별 응급실 이용 현황 (단위: 명)

구분		1월	2월	3월	4월	5월	6월	합계
1세 미만	남자	1,452	1,232	1,349	1,542	1,669	1,560	8,804
	여자	1,180	960	1,089	1,200	1,289	1,315	7,033
1~9세	남자	8,237	7,473	8,724	10,359	10,460	10,397	55,650
	여자	6,068	5,623	6,788	8,126	8,093	7,830	42,528
10~19세	남자	3,428	3,119	4,084	4,538	4,857	4,510	24,536
	여자	2,959	2,739	3,368	3,623	3,644	3,528	19,861
20~29세	남자	5,898	5,440	5,753	5,887	6,247	6,175	35,400
	여자	8,628	7,610	8,444	8,532	8,943	8,607	50,764
30~39세	남자	6,017	5,806	5,982	5,689	6,223	6,049	35,766
	여자	7,751	6,777	7,068	7,143	7,499	7,313	43,551
40~49세	남자	5,932	5,747	5,842	5,762	6,217	6,181	35,681
	여자	6,191	5,731	5,713	5,824	6,296	6,383	36,138
50~59세	남자	7,719	7,356	7,652	7,422	7,819	7,666	45,634
	여자	7,782	7,601	7,464	7,384	8,041	8,075	46,347
60~69세	남자	7,852	7,371	7,661	7,532	8,112	7,957	46,485
	여자	7,226	6,921	6,839	6,985	7,474	7,409	42,854
70~79세	남자	7,258	6,857	7,253	7,186	7,455	7,172	43,181
	여자	6,143	5,769	6,007	5,946	6,457	6,025	36,347
80세 이상	남자	3,708	3,420	3,674	3,833	3,922	3,859	22,416
	여자	5,288	4,770	5,000	4,980	5,552	5,067	30,657

① 1월 중 응급실을 가장 많이 이용한 연령대는 50대이다.
② 2021년 상반기에 응급실을 가장 많이 이용한 연령대는 50대이다.
③ 2021년 50대의 응급실 이용자 수는 1월 대비 2월에 약 4.5% 감소하였다.
④ 2021년 상반기 20대의 응급실 이용자 수에서 4월 이용자가 차지하는 비율은 16% 미만이다.
⑤ 2021년 상반기 30대 남자의 응급실 이용자 수에서 1월 이용자가 차지하는 비율은 6월 이용자가 차지하는 비율보다 높다.

[17~18] 다음은 맞춤대출서비스에 관한 보도자료의 일부이다. 이를 바탕으로 질문에 답하시오.

서민금융진흥원(이하 서금원)은 2019년 맞춤대출서비스로 약 6만 명에게 6,000억 원가량의 자금을 공급했다. 서금원은 지난 29일 비대면으로 진행한 맞춤대출 실적 간담회에서 2019년 맞춤대출서비스 이용자 수는 6만 294명, 지원금액은 6,688억 원이라고 밝혔다.

서금원의 맞춤대출서비스는 시중은행과 저축은행 등 1,361개 대출상품 중 가장 낮은 금리(지원 평균금리 11.7%)의 상품을 추천한다. 이와 함께 맞춤대출 이용 시 모집인 등보다 최대 1.5%p까지 금리를 인하해준다. 또한 맞춤대출 비대면 서비스 혁신을 통해 2020년에는 10만 7,181명에게 1조 418억 원을 지원했다. 이는 이용자 기준으로 2018년 대비 4.5배 이상, 금액 기준으로는 2배 이상 증가한 것이다.

[그래프1] 2018~2020년 맞춤대출서비스 이용자 수
(단위: 명)

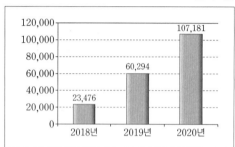

[그래프2] 2018~2020년 맞춤대출서비스 지원금액
(단위: 억 원)

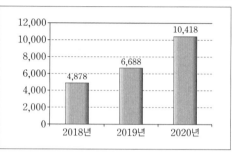

서금원은 맞춤대출 애플리케이션 출시, 홈페이지 개편, 이용절차 간소화, LMS를 통해 개인정보 제공 동의 시간을 1분 30초에서 10초로 줄이는 등 비대면 서비스를 강화해 왔다. 특히 맞춤대출의 비대면 서비스 비중은 2019년 73.8%로 전년 대비 10.3%p 증가한 것으로 나타났다. 서금원은 2018년 대비 증가폭이 큼에도 불구하고 2020년에도 실적이 상승할 수 있었던 이유는 비대면 서비스 강화, 새마을금고 상품 연계 등 다양한 서비스 혁신의 효과가 반영된 것으로 분석했다.

17 위의 보도자료에 대한 설명으로 옳은 것을 고르면?

① 2018년 맞춤대출서비스 이용자 수는 24,000명 미만이다.
② 2018년 맞춤대출서비스 지원금액은 5,400억 원 이상이다.
③ 서민금융진흥원에서 제공하는 맞춤대출의 2018년 비대면 서비스 비중은 65% 이상이다.
④ 서민금융진흥원의 맞춤대출 비대면 서비스에서 개인정보 제공 동의 시간의 감소율은 90% 이상이다.
⑤ 서민금융진흥원은 맞춤대출서비스를 통해 평균금리인 11.7%보다 1.5%p 낮은 금리의 상품을 추천한다.

18 다음 [보기]의 빈칸 A, B에 들어갈 수를 알맞게 짝지은 것을 고르면?

┌─ 보기 ├─

2019년 맞춤대출서비스 이용자 수는 전년 대비 약 157% 증가하였고, 지원금액은 전년 대비 약 37% 증가하였다. 2020년과 비교하면 2년 전 대비 이용자 수는 (A)명 증가한 것이고, 지원금액은 (B)억 원 증가한 것이다.

	A	B
①	23,461	4,882
②	23,461	5,540
③	83,705	4,882
④	83,705	5,540
⑤	83,705	5,631

19 다음 자료를 참고하여 ○○공공기관에서 선택할 업체를 고르면?

　　○○공공기관에서 5개 업체를 4개 항목으로 구분하여 평가한 뒤 물건을 구매하고자 한다. 각 항목에 대한 업체별 평가 점수는 [그래프]와 같고, 4개 항목에 대한 가중치는 [표]와 같다. 업체별 종합점수는 아래와 같이 구하고, ○○공공기관은 종합점수가 가장 높은 업체에서 물건을 구매한다.

종합점수＝(항목별 평가 점수)×(항목별 가중치)의 합

[그래프] 업체별 평가 점수　　　　　　　　　　　　　　　　　　　(단위: 점)

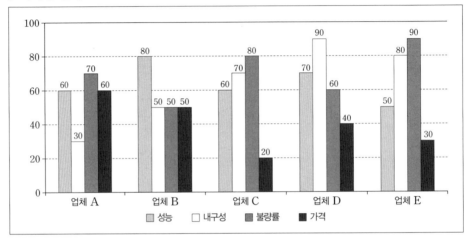

[표] 가중치

구분	성능	내구성	불량률	가격
가중치	0.4	0.2	0.3	0.1

① 업체 A　　　　　　② 업체 B　　　　　　③ 업체 C
④ 업체 D　　　　　　⑤ 업체 E

20 다음 [표]는 연도별 국내 전기 화재 현황 및 국가별 전기 감전 사망자 수에 관한 자료이다. 이를 바탕으로 작성한 [보고서]의 내용 중 옳지 <u>않은</u> 것을 모두 고르면?

[표1] 연도별 국내 전기 화재 현황
(단위: 건, 명)

구분	전체 화재 건수	전기 화재 건수	전기 화재 사망자 수	전기 화재 부상자 수
2014년	42,135	8,287	31	295
2013년	40,932	8,889	43	285
2012년	43,249	9,225	49	349
2011년	43,875	9,351	27	235
2010년	41,862	9,442	48	217

[표2] 국가별 전기 감전 사망자 수
(단위: 명)

구분	한국	일본	영국	호주	뉴질랜드	아일랜드
시기	2014년	2014년	2014년	2010년	2010년	2013년
감전 사망자 수	37	15	2	25	3	2
백만 명당 감전 사망자 수	0.75	0.12	0.03	1.14	0.69	0.42

[보고서]

2014년 국내 전기 화재 발생 현황을 분석해 보면, ㉠ <u>전년에 비해 총화재 건수는 증가하였으나, 전기 화재 건수는 602건 감소하였다.</u> 2014년 전기 화재 점유율은 과거 4년간의 20%대를 벗어나 최초로 10%대에 진입하는 괄목할 만한 성과인 약 19.7%로 나타났다. 우리나라의 전기 화재 점유율은 일본 15.6%, 대만 31.8%와 비교해 볼 때, 대만보다는 낮지만 일본보다는 높은 수준이다.

또한 2014년 전기 화재로 인해 ㉡ <u>총 324명의 인명 피해가 발생한 것으로 나타났으며,</u> ㉢ <u>이 중 사망자가 차지하는 비율은 2010~2014년 동안 매년 10% 이상인 것으로 나타났다.</u>

2014년 감전 사고자 수는 총 569명(사망 37명, 부상 532명)으로, 전년 605명(사망 36명, 부상 569명)에 비해 36명이 감소하였다. ㉣ <u>인구 백만 명당 감전 사망자 수는 우리나라가 0.75명 (2014년)으로 호주(2010년)보다 적지만, 일본(2014년), 영국(2014년)보다는 많은 것으로 나타</u>나 감전 재해를 줄이기 위해서는 범국가 차원의 홍보 활동과 전기 안전 관련 기관의 지속적인 노력이 요망된다.

① ㉠, ㉡   ② ㉠, ㉣   ③ ㉡, ㉢

④ ㉡, ㉣   ⑤ ㉢, ㉣

21 다음 [그래프]는 연도별 LP가스사고 및 고압가스사고 현황에 관한 자료이다. 이에 대한 설명으로 옳지 <u>않은</u> 것을 고르면?

[그래프1] 연도별 LP가스사고 현황 (단위: 건)

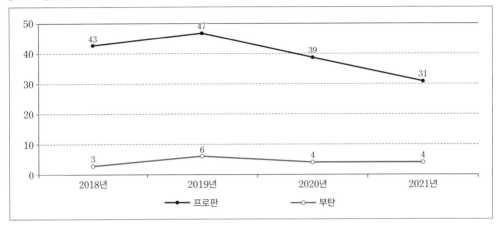

[그래프2] 연도별 고압가스사고 현황 (단위: 건)

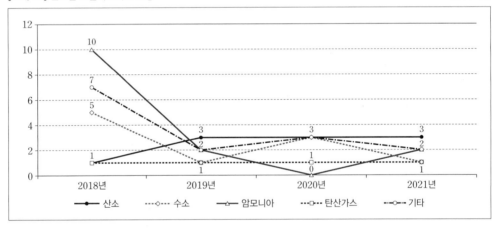

① 2018년 LP가스사고와 고압가스사고는 총 70건이다.
② 2019년 LP가스사고에서 부탄 LP가스사고가 차지하는 비중은 약 11.7%이다.
③ 프로판 LP가스사고의 2018~2021년 연평균 건수는 40건이다.
④ 2018~2021년 중 수소 고압가스사고와 탄산가스 고압가스사고의 건수가 같은 연도는 2개이다.
⑤ 2018~2021년 동안 매년 프로판 LP가스사고 건수는 고압가스사고 건수보다 많다.

22 다음 [표]는 2016~2021년 흡연자 현황에 관한 자료이다. 이를 바탕으로 작성한 그래프로 옳은 것을 [보기]에서 모두 고르면?(단, 10대 흡연자는 없다고 가정한다.)

[표] 2016~2021년 흡연자 현황 (단위: 백 명)

구분	전체 흡연자 수	연령대		
		20대	50대	60대 이상
2016년	12,314	1,918	2,205	1,251
2017년	12,208	2,015	2,141	1,203
2018년	13,290	2,003	1,965	1,346
2019년	13,304	1,957	2,259	1,320
2020년	14,051	2,108	2,350	1,298
2021년	14,232	2,015	2,103	1,467

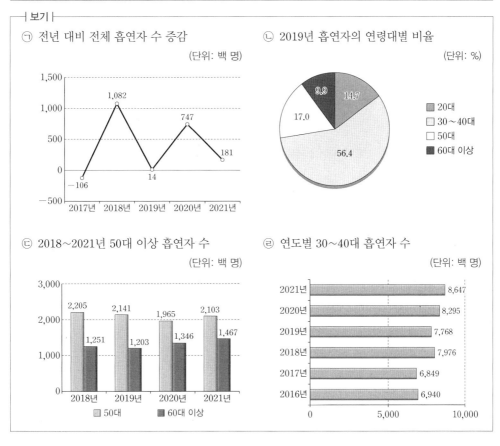

┤보기├

㉠ 전년 대비 전체 흡연자 수 증감 (단위: 백 명)

㉡ 2019년 흡연자의 연령대별 비율 (단위: %)

㉢ 2018~2021년 50대 이상 흡연자 수 (단위: 백 명)

㉣ 연도별 30~40대 흡연자 수 (단위: 백 명)

① ㉠, ㉡　　　　② ㉠, ㉢　　　　③ ㉠, ㉣

④ ㉡, ㉣　　　　⑤ ㉢, ㉣

23 가은, 나은, 다은, 라은이가 놀이공원에서 바이킹, 롤러코스터, 범퍼카, 회전목마 중 각각 2개의 놀이기구를 탔다. 다음 [조건]을 바탕으로 반드시 옳은 것을 고르면?(단, 아무도 타지 않은 놀이기구는 없다.)

┤ 조건 ├
- 가은이와 다은이가 탄 놀이기구는 1개만 같다.
- 나은이는 롤러코스터를 탔다.
- 다은이는 회전목마를 탔다.
- 3명 이상이 탄 놀이기구는 없다.
- 가은이는 롤러코스터와 회전목마를 타지 않았다.

① 가능한 경우의 수는 5가지이다.
② 라은이는 롤러코스터를 탔다.
③ 나은이는 회전목마를 타지 않았다.
④ 다은이는 바이킹을 탔다.
⑤ 나은이와 라은이가 탄 놀이기구는 모두 같다.

24 어느 지하철역 출구 근처에 A~F카페가 다음 [조건]에 따라 늘어서 있다고 할 때, 왼쪽에서 네 번째에 위치한 카페를 고르면?(단, 카페 이외의 다른 장소는 고려하지 않으며, 카페는 모두 일정한 간격으로 위치해 있다고 가정한다.)

┤ 조건 ├
- ㉠ 모든 카페는 옆으로 일렬로 위치해 있다.
- ㉡ B카페와 C카페의 거리는 두 번째로 멀다.
- ㉢ C카페와 E카페 사이에는 한 개의 카페가 있다.
- ㉣ 왼쪽에서 두 번째에 위치한 카페는 F카페이다.
- ㉤ B카페의 바로 오른쪽에는 D카페가 있다.

① A카페
② B카페
③ C카페
④ D카페
⑤ E카페

25 다음 두 명제가 모두 참일 때, 빈칸에 들어갈 결론으로 적절한 것을 고르면?

> • 액션 영화는 흥미롭다.
> • 액션 영화를 제외한 모든 영화는 외국영화이다.
> 그러므로 (   )

① 외국영화가 아닌 영화는 액션 영화가 아니다.
② 흥미로운 영화는 외국영화이다.
③ 흥미롭지 않은 영화는 모두 외국영화이다.
④ 액션 영화는 외국영화이다.
⑤ 흥미로운 영화는 모두 액션 영화이다.

26 다음 명제들이 모두 참일 때, 반드시 참이라고 할 수 <u>없는</u> 명제를 고르면?

> ㉠ 미국을 가봤으면 영국도 가봤다.
> ㉡ 미국을 가봤으면 독일도 가봤다.
> ㉢ 프랑스를 가봤으면 독일도 가봤다.
> ㉣ 호주를 가봤으면 영국도 가봤다.
> ㉤ 프랑스를 가보지 않았으면 영국도 가보지 않았다.

① 미국을 가봤으면 프랑스도 가봤다.
② 미국을 가봤으면 호주도 가봤다.
③ 프랑스를 가보지 않았으면 호주도 가보지 않았다.
④ 독일을 가보지 않았으면 영국도 가보지 않았다.
⑤ 독일을 가보지 않았으면 프랑스도 가보지 않았다.

27 다음은 환경친화적 자동차의 개발 및 보급 촉진에 관한 법률 및 시행령 중 일부이다. 어느 공동주택에서는 이 자료를 바탕으로 전기차 충전구역 내 불법주차 및 충전 방해행위 단속 과태료 안내문을 제작하였다. 안내문의 내용 중 옳지 <u>않은</u> 것을 고르면?

환경친화적 자동차의 개발 및 보급 촉진에 관한 법률

제11조의2(환경친화적 자동차의 전용주차구역 등) ① 다음 각 호의 어느 하나에 해당하는 것으로서 대통령령으로 정하는 시설의 소유자(해당 시설에 대한 관리의무자가 따로 있는 경우에는 관리자를 말한다)는 대통령령으로 정하는 바에 따라 해당 대상시설에 환경친화적 자동차 충전시설 및 전용주차구역을 설치하여야 한다.
　1. 공공건물 및 공중이용시설
　2. 공동주택
　3. 특별시장·광역시장, 도지사 또는 특별자치도지사, 특별자치시장, 시장·군수 또는 구청장이 설치한 주차장
　4. 그 밖에 환경친화적 자동차의 보급을 위하여 설치할 필요가 있는 건물·시설 및 그 부대시설
② 제1항에 따른 전용주차구역을 설치하는 자는 대통령령으로 정하는 기준에 따라 해당 전용주차구역에 환경친화적 자동차 충전시설을 갖추어야 한다.
(중략)
⑦ 누구든지 다음 각 호의 어느 하나에 해당하지 아니하는 자동차를 환경친화적 자동차 충전시설의 충전구역에 주차하여서는 아니 된다.
　1. 전기자동차
　2. 외부 전기 공급원으로부터 충전되는 전기에너지로 구동 가능한 하이브리드 자동차
⑧ 누구든지 다음 각 호의 어느 하나에 해당하지 아니하는 자동차를 환경친화적 자동차의 전용주차구역에 주차하여서는 아니 된다.
　1. 전기자동차
　2. 하이브리드 자동차
　3. 수소전기자동차
⑨ 누구든지 환경친화적 자동차 충전시설 및 충전구역에 물건을 쌓거나 그 통행로를 가로막는 등 충전을 방해하는 행위를 하여서는 아니 된다. 이 경우 충전 방해행위의 기준은 대통령령으로 정한다.
제16조(과태료) ① 제11조의2 제9항을 위반하여 충전 방해행위를 한 자에게는 100만 원 이하의 과태료를 부과한다.
② 제11조의2 제7항 및 제8항을 위반하여 환경친화적 자동차 충전시설의 충전구역 및 전용주차구역에 주차한 자에게는 20만 원 이하의 과태료를 부과한다.
③ 제1항 및 제2항에 따른 과태료는 관할 시장·군수·구청장이 부과·징수하며, 과태료를 부과하는 위반행위의 종류와 위반 정도에 따른 과태료의 금액 등은 대통령령으로 정한다.

[표] 제16조 제3항에 따른 과태료 부과 개별기준

위반행위	과태료 금액
가. 법 제11조의2 제7항 및 제8항을 위반하여 환경친화적 자동차 충전시설의 충전구역 및 전용주차구역에 주차한 경우	10만 원
나. 법 제11조의2 제9항을 위반하여 동법 시행령 제18조의8 제1항 제1호부터 제3호까지 또는 제6호부터 제8호까지의 규정에 따른 충전 방해행위를 한 경우	10만 원
다. 법 제11조의2 제9항을 위반하여 동법 시행령 제18조의8 제1항 제4호 또는 제5호에 따른 충전 방해행위를 한 경우	20만 원

환경친화적 자동차의 개발 및 보급 촉진에 관한 법률 시행령

제18조의8(환경친화적 자동차에 대한 충전 방해행위의 기준 등) ① 법 제11조의2 제9항 후단에 따른 충전 방해행위의 기준은 다음 각 호와 같다.

1. 환경친화적 자동차 충전시설의 충전구역(이하 "충전구역"이라 한다) 내에 물건 등을 쌓거나 충전구역의 앞이나 뒤, 양 측면에 물건 등을 쌓거나 주차하여 충전을 방해하는 행위
2. 환경친화적 자동차 충전시설 주변에 물건 등을 쌓거나 주차하여 충전을 방해하는 행위
3. 충전구역의 진입로에 물건 등을 쌓거나 주차하여 충전을 방해하는 행위
4. 충전구역임을 표시한 구획선 또는 문자 등을 지우거나 훼손하는 행위
5. 환경친화적 자동차 충전시설을 고의로 훼손하는 행위
6. 전기자동차 또는 외부충전식 하이브리드 자동차를 급속충전시설의 충전구역에 1시간이 지난 후에도 계속 주차하는 행위
7. 전기자동차 또는 외부충전식 하이브리드 자동차를 완속충전시설의 충전구역에 14시간이 지난 후에도 계속 주차하는 행위
8. 환경친화적 자동차의 충전시설을 전기자동차 또는 외부충전식 하이브리드 자동차의 충전 외의 용도로 사용하는 행위

전기차 충전구역 내 불법주차 및 충전 방해행위 단속 과태료 안내문

※ 전기차 충전시설의 올바른 이용문화를 위하여 주민분들의 적극적인 협조를 부탁드립니다.
○ 관련법령: 「환경친화적 자동차의 개발 및 보급 촉진에 관한 법률」 및 동법 시행령
○ 시행일자: 2022년 1월 28일(금)부터
○ 과태료 부과 기준

연번	위반행위	과태료
1	전기자동차, 하이브리드 자동차, 수소전기자동차가 아닌 자동차를 환경친화적 자동차의 전용주차구역에 주차한 경우	10만 원
2	전기자동차 및 외부충전식 하이브리드 자동차가 아닌 자동차를 충전구역에 주차한 경우	10만 원
3	충전구역 내에 물건 등을 쌓거나 충전구역의 앞, 뒤, 양 측면 또는 진입로에 물건 등을 쌓거나 주차하여 충전을 방해하는 행위	10만 원
4	전기자동차 또는 외부충전식 하이브리드 자동차를 급속충전시설의 충전구역에 1시간이 지난 후에도 계속 주차하는 행위	10만 원
5	전기자동차 또는 외부충전식 하이브리드 자동차를 완속충전시설의 충전구역에 14시간이 지난 후에도 계속 주차하는 행위	10만 원
6	환경친화적 자동차의 충전시설을 전기자동차 또는 외부충전식 하이브리드 자동차의 충전 외의 용도로 사용하는 행위	20만 원
7	충전구역임을 표시한 구획선 또는 문자 등을 지우거나 훼손하는 행위	20만 원
8	환경친화적 자동차 충전시설을 고의로 훼손하는 행위	20만 원

① 연번 1　　　　　② 연번 2　　　　　③ 연번 4
④ 연번 6　　　　　⑤ 연번 8

○ **출국 시**

- **휴대반출**: 우리나라에 거주하는 여행자가 해외에서 사용하다가 재반입할 고가 귀중품 등은 출국 시 세관에 신고를 해야 한다. 신고하는 방법은 공항이용납부권을 제시하고 세관출국신고대에서 세관직원에게 여권과 신고할 물품을 보여주고 확인증(휴대반출증)을 수령한 뒤 이를 입국 시 제출해야 한다. 만약 기내로 휴대반입할 수 없는 수하물인 경우 기탁화물로 맡겨야 한다.

- **출국 시 외환신고**: 미화 1만 불 이상인 경우 신고가 필요하며, 신고대상은 다음과 같다.

구분			비고	
대외지급수단, 내국통관원화표시 자기앞수표	해외이주자	해외이주비	지정거래 외국환은행장의 확인	–
	여행업자	해외여행경비		
	해외유학생			
	해외체재자			
	일반여행자	해외여행경비	관할세관장 신고	–
	최근 입국 시 휴대하여 입국한 대외지급수단		용도에 따라 별도의 신고, 허가	신고증 필요
	카지노 수입		–	증명서 필요
	물품대금, 증권취득, 부동산 구입, 해외예금 등 기타자금		세관신고와 별개로 신고, 허가	허가
당좌수표 등 기타 내국 지급수단	금액에 관계없이		한국은행총재 또는 관할 세관장 허가	

- **반송**: 반송이란 세관에 유치된 물품을 특정한 사유(요건미비, 반입의사 없음)로 인하여 통관이 불가능한 경우 출국 시 일정한 절차에 의해 물건을 찾아 가는 것을 의미한다. 반송신청은 최소한 항공기 출발 1시간 전에 출국장(법무부 심사를 마치고) 반송대의 세관직원에게 신청하면 된다.

- **휴대반입 물품의 반출 확인**: 일시입국하는 여행자가 여행 중 사용하고 재반출할 고가, 귀중품 등을 면세통관하기 위해서는 세관에 신고하여 "재반출 조건 일시반입 물품확인서"를 교부받아야 하며, 최초 출국 시 동 물품을 세관에 신고해야 한다. 이때 신고할 물품을 갖지 않고 출국장에 구두로 신고하는 경우에는 현품확인이 되지 않아 출국수속이 지연될 수 있으며 반출신고를 하지 않고 출국하는 경우에는 확인서상의 주소로 세금을 부과한다.

- **면세품 구매 시 유의사항**: 출국 시 면세점에서 판매되는 물품은 해외에서 사용, 소비되거나 해외 친지의 선물용 등 외국으로 가지고 나가는 것을 조건으로 판매되는 것이다. 해외로 출국하는 내국인이 구입할 수 있는 면세물품의 총한도액은 미화 3,000불까지이다. 국내에 입국하는 내국인, 외국인(시민권자 포함)의 면세범위는 미화 600불까지이며, 출국 시 구입한 면세품과 해외 구입물품을 포함하여 600불 초과 시는 세관신고 후 세금을 납부해야 한다.

- **부가세 환급**: 외국인 관광객 유치차원에서 세무서장이 지정한 장소로서 외국인 관광객이 구입한 물품을 외국으로 반출하는 경우에 한하여 내국간접세를 환급받을 수 있도록 한 제도이다. 국내 지정 외국인 관광객 면세점에서 물품을 구입한 외국인 관광객은 판매장에서 물품확인서를 교부받아 출국 시(3개월 이내) 세관출국신고대에서 신고하여 확인 도장을 받는다. 교부받은 영수증을 가지고 공항 내 환급코너에서 세금을 돌려받거나 차후에 해당세액에 상당하는 금액을 송금받을 수 있다.

○ **입국 시**

• **여행자 휴대품신고서**: 해외에서 우리나라로 입국하는 모든 여행자는 세관에 여행자 휴대품신고서를 제출해야 한다. 기내에서 배부 받은 세관휴대품신고서에 세관신고대상물품을 기재하고 여행자의 이름, 생년월일 등 인적사항을 기재한다. 입국현장에서도 세관휴대품신고서를 작성할 수 있다.

• **세관검사**: 세관검사는 크게 두 가지로 분류된다. 직접 소지하고 기내로 반입한 물품인 경우에는 문형 게이트 옆에 설치된 X−ray 투시기를 통과해야 하며 여행객은 문형금속탐지기를 통해 신변검색을 받는다. 문형금속탐지기에서 벨소리가 나는 경우 여행객의 신변을 휴대용 금속탐지기로 검색할 수도 있으며, 직접 신변 수색이 가능하다.

기내에 들고 탑승하지 못한 짐(기탁화물)은 지정된 컨베이어 벨트에서 찾아야 하며 이때 "세관검사안내표시"가 부착된 수하물이 있는 경우 정밀 검사를 받아야 한다.

---

28 다음 중 출국 시 외환신고에 대한 설명으로 옳지 <u>않은</u> 것을 고르면?

① 해외유학생이 출국 시 미화 5천 불에 해당하는 현금을 여행경비로 가져가는 경우 신고가 필요하지 않다.

② 일반여행자가 출국 시 미화 1만 5천 불에 해당하는 자기앞수표를 여행경비로 가져가는 경우 관할세관장에게 신고해야 한다.

③ 해외이주자가 출국 시 미화 1만 8천 불에 해당하는 당좌수표를 해외이주비로 가져가는 경우 지정거래 외국환은행장의 확인이 필요하다.

④ 카지노 수입으로 미화 3만 불에 해당하는 현금을 가져가는 경우 증명서가 필요하다.

⑤ 물품대급을 목적으로 미화 5만 불에 해당하는 자기앞수표를 가져가는 경우 세관신고와 별개로 허가가 필요하다.

---

29 다음 중 입국 혹은 출국 시 물품 반입에 관한 설명으로 옳은 것을 고르면?

① 일시입국하는 여행자가 여행 중 사용하고 재반출할 물품을 세관에 신고하고, 최초 출국 시 이를 세관에 신고하지 않으면 출국이 금지된다.

② 일시입국하는 여행자가 통관이 불가능한 물품을 소지한 경우 폐기 처분한다.

③ 외국인이 국내에서 물품을 구입한 뒤 영수증을 가지고 공항 내 환급코너에 방문하면 세금을 돌려받을 수 있다.

④ "세관검사안내표시"가 부착된 기탁화물은 정밀 검사를 받아야 한다.

⑤ 여행자 휴대품신고서는 입국 전 기내에서 작성을 완료해야 한다.

30 다음은 온실가스 배출권의 할당 및 거래에 관한 법률의 일부이다. 이에 대한 설명으로 옳지 <u>않은</u> 것을 고르면?

제12조(배출권의 할당) ① 주무관청은 계획 기간마다 할당계획에 따라 할당대상 업체에 해당 계획 기간의 총배출권과 이행연도별 배출권을 할당한다. 다만, 신규 진입자에 대하여는 해당 업체가 할당대상 업체로 지정, 고시된 해부터 남은 계획 기간에 대하여 배출권을 할당한다.

② 제1항에 따른 배출권 할당의 기준은 대통령령으로 정한다.

③ 제1항에 따른 배출권의 할당은 유상 또는 무상으로 하되, 무상으로 할당하는 배출권의 비율은 국내 산업의 국제경쟁력에 미치는 영향, 기후변화 관련 국제협상 등 국제적 동향, 물가 등 국민경제에 미치는 영향 및 직전 계획 기간에 대한 평가 등을 고려하여 대통령령으로 정한다.

④ 제3항에도 불구하고 무역집약도가 대통령령으로 정하는 기준보다 높거나 이 법 시행에 따른 온실가스 감축으로 인한 생산비용이 대통령령으로 정하는 기준 이상으로 발생하는 업종에 속하는 할당대상 업체에 대하여는 배출권의 전부를 무상으로 할당할 수 있다.

제13조(배출권 할당의 신청) ① 할당대상 업체는 매 계획 기간 시작 4개월 전까지(할당대상 업체가 신규 진입자인 경우에는 배출권을 할당받는 이행연도 시작 4개월 전까지) 다음 각 호의 사항이 포함된 배출권 할당신청서(이하 '할당신청서'라 한다)를 작성하여 주무관청에 제출하여야 한다.

1. 계획 기간의 배출권 총신청 수량
2. 이행연도별 배출권 신청 수량
3. 할당대상 업체로 지정된 연도의 직전 3년간의 온실가스 배출량
4. 계획 기간 내 시설 확장 및 변경 계획
5. 계획 기간 내 연료 및 원료 소비 계획
6. 계획 기간 내 온실가스 감축설비 및 기술 도입 계획
7. 제4호부터 제6호까지 규정된 계획 실행 등에 따른 온실가스 배출량 증감 예상치
8. 제24조에 따라 작성된 직전 연도 명세서(최초로 할당대상 업체로 지정된 경우에는 기본법 제44조 제1항에 따른 명세서를 말한다)

② 제1항에 따른 배출권 할당의 신청 방법 및 절차 등에 관하여 필요한 세부 사항은 대통령령으로 정한다.

제17조(배출권 할당의 취소) ① 주무관청은 다음 각 호의 어느 하나에 해당하는 경우에는 제12조 및 제16조에 따라 할당, 조정된 배출권(무상으로 할당된 배출권만 해당한다)의 전부 또는 일부를 취소할 수 있다.

1. 제5조 제3항에 따른 할당계획 변경으로 배출 허용 총량이 감소한 경우
2. 할당대상 업체가 전체 시설을 폐쇄한 경우
3. 할당대상 업체가 정당한 사유 없이 시설의 가동 예정일부터 3개월 이내에 시설을 가동하지 아니한 경우
4. 할당대상 업체의 시설 가동이 1년 이상 정지된 경우
5. 거짓이나 부정한 방법으로 배출권을 할당받은 경우

② 제1항에 따른 배출권 취소의 세부 기준과 절차는 대통령령으로 정한다.

제18조(배출권 예비분) 주무관청은 신규 진입자에 대한 배출권 할당 및 제23조에 따른 시장 안정화 조치를 위한 배출권 추가 할당 등을 위하여 계획 기간의 총배출권의 일정 비율을 배출권 예비분으로 보유하여야 한다.

① 기존 배출권 할당대상 업체는 계획 기간 시작 4개월 전까지 주무관청에 배출권 할당신청서를 제출해야 한다.
② 무상으로 할당하는 배출권은 국제적 동향과 물가 등이 고려된 후에 대통령령으로 결정된다.
③ 시설 가동 예정일로부터 3일 후에 시설을 가동한 경우 무상 배출권의 일부가 취소될 수 있다.
④ 주무관청은 신규 진입자가 있을 경우를 대비하여 총배출권의 일부를 예비분으로 보유하고 있어야 한다.
⑤ 새로 지정된 신규 진입자는 이행연도의 남은 계획 기간에 대해서만 배출권을 할당받는다.

31 다음 [표]는 N사의 알뜰주유카드 혜택 정보 및 박 과장의 4월 알뜰주유카드 사용 내역에 관한 자료이다. 박 과장의 3월 알뜰주유카드 사용실적이 105만 원이고, N사의 알뜰주유카드는 카드 금액 청구 시 할인이 적용되는 청구 할인 방식이라고 할 때, 박 과장이 4월에 할인받는 금액을 고르면?

[표1] N사 알뜰주유카드 혜택 정보

구분		할인 정보
알뜰주유소 할인	전월 사용실적 150만 원 이상	150원/L 할인
	전월 사용실적 100만 원 이상	120원/L 할인
	전월 사용실적 50만 원 이상	80원/L 할인
	전월 사용실적 20만 원 이상	60원/L 할인
일반주유소 할인		60원/L 할인
자동차 보험료 할인		10% 할인
차량 구매액 할인		1% 할인

[표2] 박 과장의 4월 알뜰주유카드 사용 내역 (단위: 원)

구분	사용 내용	사용 금액
A알뜰주유소	22L 주유	43,750
B일반주유소	15L 주유	30,650
A알뜰주유소	18L 주유	35,800
B일반주유소	10L 주유	20,450
C보험회사	자동차 보험료	98,700

① 14,570원
② 16,170원
③ 16,370원
④ 17,370원
⑤ 19,620원

32 다음 [표]는 L여행사의 직전 분기 여행 상품 판매 현황에 관한 자료이다. 구입 인원수가 20명 이상인 여행 상품만 실제 여행 상품의 판매가 진행되었고, 구입 인원수 50명 이상인 여행 상품은 1인당 상품 금액에 할인율 5%를 적용하였을 때, L여행사가 직전 분기 판매한 여행 상품의 총판매 금액을 고르면?

[표] 여행 상품 판매 현황

구분	일정	1인당 상품 금액	구입 인원수
남도 투어 여행	5박 6일	986,000원	46명
국내 크루즈 여행	10박 11일	2,507,000원	15명
럭셔리 제주도 여행	4박 5일	958,000원	43명
강원도 스키 여행	2박 3일	595,000원	75명

① 112,417,350원   ② 128,943,750원   ③ 131,175,000원
④ 150,234,750원   ⑤ 168,780,000원

33 다음 [표]는 국내에서 유통되는 우리나라 주화에 관한 자료이다. 이를 바탕으로 오백원화에 포함된 구리 질량과 오십원화에 포함된 구리 질량의 차를 고르면?

[표] 우리나라 주화 정보

구분	오백원화	백원화	오십원화	십원화
발행일자	1982년 6월 12일	1983년 1월 15일	1983년 1월 15일	2006년 12월 18일
지름	26.50mm	24.00mm	21.60mm	18.00mm
질량	7.70g	5.42g	4.16g	1.22g
소재	백동(구리 75%, 니켈 25%)	백동(구리 75%, 니켈 25%)	양백(구리 70%, 아연 18%, 니켈 12%)	구리씌움 알루미늄 (구리 48%, 알루미늄 52%)
테두리	톱니	톱니	톱니	평면

① 2.655g   ② 2.863g   ③ 3.540g
④ 4.353g   ⑤ 5.189g

34 다음 [표]는 K병원의 입원 병실 비용에 관한 자료이다. 외과 질환으로 K병원에서 진료를 받은 뒤 입원을 하게 된 진수는 병실이 없어 일반 2인실로 먼저 2일 입원한 뒤 간호 서비스가 제공되는 통합서비스 병동으로 이동하여 5인실에서 3일 더 입원하였다고 할 때, 진수가 지불해야 하는 입원 병실 비용 총액을 고르면?

[표] K병원의 입원 병실 비용 (단위: 원/일)

구분		병실료		비고
		내과계 8세 미만	외과계	
특실	VIP룸	1,587,320	1,574,110	
	스위트룸	1,287,320	1,274,110	
1인실		547,320	534,110	
2인실		223,530	189,730	
3인실		167,650	142,290	
4인실		139,510	118,580	
5인실		113,510	96,350	
간호·간병 통합서비스 병동	1인실	661,500	646,490	입원관리료 및 간호·간병료 포함
	2인실	303,960	279,640	
	4인실	243,200	224,400	
	5인실	222,350	205,450	
중환자실	일반 중환자실	434,190		
	신생아 중환자실	463,140		
격리실	1인실	271,250		
	2인실	182,700		
	다인실	154,360		
음압격리실	1인실	514,100		
	다인실	290,350		

① 668,510원   ② 995,810원   ③ 1,114,110원
④ 1,175,630원   ⑤ 1,274,970원

35 다음은 위조지폐에 대한 안내자료이다. 이에 대한 설명으로 옳은 것을 고르면?

위조지폐 안내자료

1. 위변조의 개념
'위조'는 남을 속일 목적으로 어떤 물건을 진품과 흡사하게 만드는 것으로, 복사기나 기타 기계, 수작업 등으로 진품을 유사하게 만들어 내는 것이며 '변조'는 진품에 글자·숫자를 변경·첨삭하거나 부착물을 떼고 다른 것을 붙이는 따위의 수법을 의미한다.

구분	항목	정의
일반적 정의	위조	어떤 물건을 남을 속일 목적으로 진짜와 비슷하게 만드는 것
	변조	권한 없이 기존물의 형상이나 내용에 변경을 가하는 일
법적 정의	위조	통화 발행권이 없는 자가 통화의 외관을 가진 물건을 만드는 것이며, 보통사람으로 하여금 진정 통화로 믿게 할 수 있는 정도(인쇄, 복사 등)
	변조	변조 권한이 없는 자가 진정한 타인 명의의 유가증권에 변경을 가하는 것(은행권의 분리 이용 등)

2. 위변조 행위에 대한 처벌 규정
(1) 화폐의 위변조
- 「형법」 제207조(통화의 위조 등) 제1항
  행사할 목적으로 통용하는 대한민국의 화폐, 지폐 또는 은행권을 위조 또는 변조하는 자는 무기 또는 2년 이상의 징역에 처한다.
- 「특정범죄가중처벌법 등에 관한 법률」 제10조(통화위조의 가중처벌)
  형법 제207조에 규정된 죄를 범한 자는 사형·무기 또는 5년 이상의 징역에 처한다.
(2) 유가증권의 위변조
- 「형법」 제214조(유가증권의 위조 등) 제1항
  행사할 목적으로 대한민국 또는 외국의 공채증서 기타 유가증권을 위조 또는 변조하는 자는 10년 이하의 징역에 처한다.
(3) 인지·우표의 위변조
- 「형법」 제218조(인지·우표의 위조 등) 제1항
  행사할 목적으로 대한민국 또는 외국의 인지, 우표 기타 우편요금을 표시하는 증표를 위조 또는 변조한 자는 10년 이하의 징역에 처한다.

3. 위조지폐 발견 시 처리절차
(1) 가능한 한 위조지폐 사용자의 인상착의나 신분(차량번호 등을 통해)을 확인함
(2) 지문채취가 용이하도록 취급에 주의하고(복사를 하면 지문채취가 어려워짐) 봉투에 넣어둠
(3) 가까운 경찰서나 은행(한국은행 본·지점 포함)에 신고하고 위조지폐는 담당자에게 전달함

4. 진위감정 과정

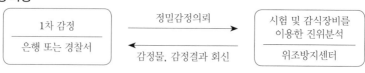

① 위조지폐 발견 시 한국은행 지점을 제외한 은행에 신고할 수 있다.

② 위조지폐의 1차 감정은 은행이나 경찰서에서 진행되며, 위조방지센터에 정밀감정을 의뢰한다.

③ 위조의 법적 정의는 어떤 물건을 남을 속일 목적으로 진짜와 비슷하게 만드는 것이다.

④ 인지 · 우표를 행사할 목적으로 위변조한 경우 사형에 처해질 수 있다.

⑤ 인쇄, 복사 등 통화 발행권이 없는 자가 통화의 외관을 가진 물건을 만드는 것은 변조에 해당한다.

36 다음 [표]는 목적별 신체검사에 관한 자료이다. 이에 대한 설명으로 옳지 <u>않은</u> 것을 고르면?

[표] 목적별 신체검사 정보

구분	직장인 (공무원 및 일반기업)	외국인(H2, E2, E10)	보건의료인	국제결혼
용도	공무원 및 공기업, 일반기업 입사 시 요구되는 신체검사서	외국인 등록과 체류자격 외 활동허가 등을 신청하는 채용 신체검사서	보건의료인(의사, 간호사, 의료기사), 요양보호사, 이미용, 마사회 등	국제결혼 시 필요한 건강진단
검사항목	신체계측, 혈액검사, 요검사, 흉부 X−선 촬영, 간염검사	신체계측, 혈액검사, 요검사, 흉부 X−선 촬영, 간염검사, 마약검사, 에이즈검사	혈액검사, 요검사, 흉부 X−선 촬영, 간염검사, 마약검사, 에이즈검사	신체계측, 혈액검사, 요검사, 흉부 X−선 촬영, 간염검사, 마약검사, 에이즈검사
소요시간	약 1시간	약 1시간	약 1시간	약 1시간
결과통보	3일 이후 방문 수령 (검사일 및 공휴일 제외)	7일 이후 방문 수령 (검사일 및 공휴일 제외)	7일 이후 방문 수령 (검사일 및 공휴일 제외)	7일 이후 방문 수령 (검사일 및 공휴일 제외)
준비물	반명함사진 (3cm×4cm) 2장, 신분증	반명함사진 (3cm×4cm) 2장, 신분증 및 여권 ※ 회화지도 E2는 반명함사진이 추가로 1장 더 필요함	반명함사진 (3cm×4cm) 2장, 신분증	반명함사진 (3cm×4cm) 2장, 신분증
주의사항	검사 전날 밤 9시 이후 금식	코데인이 함유된 감기약 복용 시 최소 7일 경과 후 내원 (마약검사 판정 관련)	코데인이 함유된 감기약 복용 시 최소 7일 경과 후 내원 (마약검사 판정 관련)	코데인이 함유된 감기약 복용 시 최소 7일 경과 후 내원 (마약검사 판정 관련)
비용	공무원 40,000원/ 일반기업 30,000원	방문취업 H2 60,000원/ 회화지도 E2, 선원취업 E10 80,000원	70,000원	80,000원

① 모든 신체검사의 소요시간은 동일하다.

② 회화지도 E2를 위한 신체검사를 하기 위해서는 반명함사진이 3장 필요하다.

③ 간호사 신체검사는 검사일과 공휴일을 제외하고 7일 이후에 결과를 방문 수령할 수 있다.

④ ○ 씨가 일반기업 입사를 위한 신체검사를 받기 위해서는 30,000원의 비용을 지불해야 한다.

⑤ 모든 신체검사에서 신체계측을 진행한다.

37 영업팀의 이 대리는 회사에서 출발하여 차를 타고 A~E지점을 거쳐 다시 회사로 돌아오려고 한다. 한 번 방문한 지점은 다시 방문하지 않고, 각 지점에서 20분간 머무른다. 회사에서 오전 9시에 출발했다고 할 때, 가장 빨리 회사로 돌아오는 시간을 고르면?(단, 차로 이동하는 시간과 각 지점에 머무르는 시간 외의 시간은 고려하지 않고, 분 단위까지만 계산한다.)

[그림] 지도

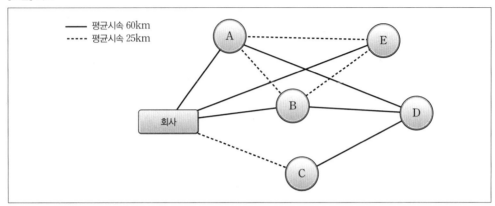

[표] 회사, 지점 간 거리 (단위: km)

구분	A	B	C	D	E
회사	8	10	14		20
A		7		18	15
B				8	9
C				10	

① 오후 12시 31분   ② 오후 12시 35분   ③ 오후 12시 37분
④ 오후 12시 39분   ⑤ 오후 12시 41분

38 다음 [그래프]와 [표]는 A사 4개 팀의 지출 비용 관련 내역을 비교한 자료이다. 이를 바탕으로 간접비의 지출 총액이 가장 큰 팀부터 순서대로 바르게 나열한 것을 고르면?(단, 언급되지 않은 비용은 고려하지 않는다.)

[그래프] 팀별 지출 비용 구성비 (단위: %)

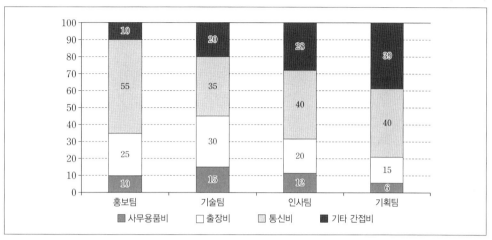

[표] 팀별 통신비 지출 내역 (단위: 만 원)

홍보팀	기술팀	인사팀	기획팀
30	45	40	55

① 기획팀 – 기술팀 – 인사팀 – 홍보팀
② 기획팀 – 기술팀 – 홍보팀 – 인사팀
③ 기획팀 – 인사팀 – 기술팀 – 홍보팀
④ 홍보팀 – 기술팀 – 인사팀 – 기획팀
⑤ 기술팀 – 기획팀 – 인사팀 – 홍보팀

39 다음은 지진에 대비하기 위한 공공시설물 내진보강대책에 따른 평가대상 기관 A~E의 실적 자료이다. 평가대상 기관의 실적에 따라 최종 순위를 결정하였을 때, 최상위와 최하위 순위 기관이 순서대로 바르게 짝지어진 것을 고르면?

공공시설물 내진보강대책 추진실적 평가기준

1) 평가대상 기관의 실적

(단위: 건)

구분	A	B	C	D	E
내진성능평가실적	88	69	82	90	83
내진보강공사실적	87	77	84	89	95
내진보강대상	100	80	90	100	100

2) 평가요소 및 점수부여
   - 내진성능평가 지수＝내진성능평가실적 건수÷내진보강대상 건수×100
     (단, 반올림하여 정수로 표시함)
   - 내진보강공사 지수＝내진보강공사실적 건수÷내진보강대상 건수×100
     (단, 반올림하여 정수로 표시함)
   - 점수부여: 평가요소의 산출된 지수에 따른 점수는 다음과 같이 부여한다.

구분	최상위 1개 기관	2~4위 3개 기관	최하위 1개 기관
내진성능평가 점수	5점	각 4, 3, 2점	1점
내진보강공사 점수	5점	각 4, 3, 2점	1점

3) 최종 순위 결정
   - 내진성능평가 점수와 내진보강공사 점수의 합이 큰 기관에 높은 순위를 부여함
   - 합산 점수가 동점인 경우에는 내진보강대상 건수가 많은 기관에 높은 순위를 부여함

① A, D ② B, C ③ B, E
④ C, A ⑤ D, E

40 다음 글의 빈칸 ㉠, ㉡에 들어갈 말이 바르게 짝지어진 것을 고르면?

> 인적자원관리란 기업의 경제적 효율성과 종업원의 사회적 효율성을 극대화시키기 위해 인력을 대상으로 확보, 개발, 평가, 보상, 유지, 방출활동을 계획하고, 실천하고, 통제하는 제반 활동을 말한다. 인적자원을 효과적으로 관리하기 위해서는 몇 가지 원칙이 필요하다. 예를 들어 (㉠   )이란 근로자의 인권을 존중하고 공헌도에 따라 노동의 대가를 공정하게 지급해야 한다는 것이며, (㉡   )이란 직무 배당, 승진, 상벌, 근무 성적의 평가, 임금 등을 공정하게 처리해야 한다는 것을 의미한다.

	㉠	㉡
①	공정 인사의 원칙	종업원 안정의 원칙
②	공정 인사의 원칙	적재적소 배치의 원칙
③	공정 보상의 원칙	종업원 안정의 원칙
④	공정 보상의 원칙	공정 인사의 원칙
⑤	공정 보상의 원칙	적재적소 배치의 원칙

41 물적자원을 효과적으로 관리하는 방법으로 전자 스캐너를 이용하는 바코드 방식과 최근 새롭게 각광받고 있는 QR코드 방식을 들 수 있다. [보기]에서 각 방식의 특징을 골라 바르게 짝지은 것을 고르면?

보기
㉠ 2차원 구성으로 많은 양의 정보를 담는다.
㉡ 수평축으로 데이터가 저장되어 있고 수직축은 데이터가 없다.
㉢ 오류 복원 기능이 있어 손상된 데이터도 복원이 가능하다.
㉣ 이미 국내 제품 90% 이상에 붙어 있는 대중적인 부호체계이다.

	바코드	QR코드
①	㉠, ㉡	㉢, ㉣
②	㉠, ㉢	㉡, ㉣
③	㉠, ㉣	㉡, ㉢
④	㉡, ㉢	㉠, ㉣
⑤	㉡, ㉣	㉠, ㉢

42 다음은 B사의 출장비 지급 기준에 관한 자료이다. 이를 바탕으로 [보기]의 출장 건에 대한 출장비 총지급액을 고르면?

[표] B사 출장비 지급 기준

구분	교통비			일비 (1일)	숙박비 (1박)	식비 (1일 한도)
	철도임	선임	자동차임 (자가용)			
임원 및 본부장	1등급	1등급	실비	30,000원	실비	45,000원
1, 2급 부서장	1등급	2등급	실비	25,000원	실비	35,000원
3, 4급 팀장	1등급	2등급	실비	20,000원	실비	30,000원
5급 이하 팀원	2등급	2등급	실비	20,000원	실비	30,000원

1. 교통비는 실비를 기준으로 하되, 실비정산은 국토해양부장관 또는 특별시장, 광역시장, 도지사, 특별자치도지사 등이 인허한 요금을 기준으로 한다.
2. 철도임 구분표 중 1등급은 고속철도 특실, 2등급은 고속철도 일반실을 적용한다.
3. 식비는 실비로 정산하며, 한도를 초과하였을 경우 초과분은 지급하지 아니한다.
4. 일비, 식비는 출발일과 도착일을 포함하여 지급한다.
5. 자동차임(자가용) 실비 지급은 연료비와 실제 통행료(유료도로 이용료)를 지급한다.
   ※ 연료비: 여행거리(km) × 유가(원/L) ÷ 연비(km/L)
6. 숙박비는 7만 원을 한도로 실비정산하며, 초과분의 20%까지 지급한다.

┤보기├

- 출장자: 조 상무(임원), 오 팀장(3급), 박 대리(5급)
- 출장 기간: 2박 3일
- 이동 방법
  조 상무: 자가용 이동(왕복 820km, 연비 12km/L, 유가 1,500원/L, 왕복통행료 20,000원)
  오 팀장, 박 대리: 왕복 고속철도
- 숙박비 및 식비 발생 내역

구분	조 상무	오 팀장	박 대리
숙박비	75,000원/박	72,000원/박	65,000원/박
식비	52,000원/일	40,000원/일	40,000원/일

- 고속철도 1등급과 2등급의 편도 요금은 각각 58,000원과 52,000원임

① 1,277,800원   ② 1,278,200원   ③ 1,278,600원
④ 1,280,000원   ⑤ 1,280,300원

43 A공단 제주지사에서 근무하고 있는 박 대리는 울산에서 회의가 있어 교통편을 알아보고 있다. 회사 출근 후 오전 10시에 출발하여 당일 오후 1시 30분까지 회의 장소에 도착해야 할 때, 다음 중 울산 회의 장소 도착 시간이 가장 빠른 경우를 고르면?(단, 이동 중 대기시간은 고려하지 않는다.)

[표1] 제주 → 김해, 제주 → 울산 항공편 출발시간

김해행(소요시간 50분)	울산행(소요시간 1시간)
10:40	10:50
10:50	
11:00	11:40
11:10	

※ 공항에는 항공편 출발 20분 전에 도착해야 함
※ 제주지사에서 제주공항까지 소요시간은 30분임
※ 김해공항 → 울산 회의 장소, 울산공항 → 울산 회의 장소의 두 가지 경로가 모두 가능함

[표2] 공항에서 회의 장소까지의 소요시간

구분	공항버스	택시	렌터카
김해공항	2시간	1시간 20분	1시간
울산공항	50분	20분	15분

① 김해행 항공편(10:40 출발) → 공항버스
② 김해행 항공편(11:00 출발) → 렌터카
③ 김해행 항공편(11:10 출발) → 택시
④ 울산행 항공편(10:50 출발) → 공항버스
⑤ 울산행 항공편(11:40 출발) → 택시

44 다음 중 리더십의 유형에 대한 설명으로 옳지 <u>않은</u> 것을 고르면?

① 민주주의에 근접한 유형의 리더 체제하에서라도 중요한 업무의 최종 결정권은 직원들 모두에게 있는 것이 아니며, 리더에게 있다.
② 리더와 구성원 간의 구분이 희미하고 리더가 조직의 한 구성원이 되기도 하는 유형의 리더십을 파트너십 유형이라고 한다.
③ 변혁적 유형의 리더는 조직의 더 나은 성장과 발전을 위해 당장의 업무성과에 대한 칭찬을 아낄 줄 알아야 한다.
④ 독재자 유형의 리더에게 단점만 있는 것은 아니며, 집단이 통제가 없이 방만한 상태에 있을 때는 효과적인 리더가 될 수 있다.
⑤ 파트너십 유형의 리더는 집단의 모든 구성원들이 의사결정 및 팀의 방향을 설정하는 데 참여한다는 생각을 가지고 있으며, 변혁적 유형의 리더는 카리스마를 가지고 조직에 명확한 비전을 제시하며, 집단 구성원들에게 그 비전을 쉽게 전달할 수 있다.

[45~46] 다음 [표]는 Y문고의 도서 재고물품 코드 체계와 재고물품 창고 담당자별 관리 도서에 관한 자료이다. 이를 바탕으로 질문에 답하시오.

[표1] 도서 재고물품 코드 체계

생산 연월 코드	출간지 코드				입고품 코드				입고 수량 코드
	출간지역 코드		출판사 코드		분야 코드		세부 코드		
2017년 12월 → 1712 2018년 3월 → 1803	1	서울	A	경원	01	아동	001	한국동화	00001부터 다섯 자리 번호 부여
			B	창명			002	세계동화	
			C	성인	02	여성	003	패션	
	2	경기	D	연호			004	여행	
			E	빛			005	육아	
	3	충청	F	사람들			006	잡지	
			G	하루	03	생활	007	수필	
	4	경상	H	창세기			008	시, 소설	
			I	홍익			009	교양서	
			J	원일			010	육상	
	5	전라	K	고유	04	스포츠	011	구기	
			L	남호			012	자전거	
			M	서원	05	교육	013	초중고	
	6	강원	N	보보스			014	대학	
			O	행원			015	등산	
	7	제주	P	바람	06	문화	016	낚시	
			Q	나무			017	당구	

※ 2017년 1월에 서울 경원 출판사에서 출간된 한국동화 관련 100번째 입고도서의 도서 재고물품 코드
  → 1701 - 1A - 01001 - 00100

[표2] 재고물품 창고 담당자별 관리 도서

담당자	관리 도서	담당자	관리 도서
정 대리	1108 - 2D - 02004 - 00135	강 대리	1105 - 6N - 04011 - 00030
오 사원	1208 - 3F - 02006 - 01009	윤 대리	1104 - 6O - 03009 - 00045
권 사원	1109 - 3F - 02006 - 00100	양 사원	1105 - 3G - 04012 - 01182
민 대리	1210 - 7P - 03007 - 00085	박 사원	1207 - 6N - 03007 - 00030
최 대리	1211 - 4H - 06015 - 01250	변 대리	1210 - 7Q - 05013 - 00045
엄 사원	1209 - 1C - 02005 - 00835	이 사원	1109 - 1B - 01002 - 00770
홍 사원	1103 - 5L - 06017 - 01005	장 사원	1208 - 1B - 01001 - 01012

45 2019년 8월 원일 출판사에서 출간된 자전거 관련 도서로, Y문고에 25번째로 입고된 도서의 재고물품 코드로 알맞은 것을 고르면?

① 1980 − 4J − 00412 − 0025
② 1908 − 4J − 04012 − 0025
③ 20198 − 4J − 01204 − 00025
④ 20198 − 4J − 04012 − 00025
⑤ 1908 − 4J − 04012 − 00025

46 Y문고에서는 재고물품 창고 담당자 중 '여성' 분야 도서 담당자들을 따로 모아 새로운 도서 관리 규정을 안내하고자 한다. 이때 새로운 도서 관리 규정을 안내받을 담당자가 <u>아닌</u> 사람을 고르면?

① 정 대리　　　　② 오 사원　　　　③ 권 사원
④ 윤 대리　　　　⑤ 엄 사원

47 다음 사례를 통해 알 수 있는 기술혁신의 특성으로 가장 적절한 것을 고르면?

> A시에서는 공항의 효율적 운용과 복잡한 내부 환경을 개선하기 위하여 첨단 기술을 활용한 무인 탑승수속을 시행하고자 한다. 시 담당 공무원은 무인 탑승수속이 시행되면 티켓팅을 위하여 대기하던 긴 줄이 획기적으로 줄어들며 공항청사 내의 환경도 크게 좋아질 것을 기대하고 있다. 그러나 정작 A시 공항을 주로 이용하는 B항공사의 노조에서는 무인 탑승수속 시행을 반대하고 있다. 기술진화에 위협을 느껴 일자리가 없어질 것을 우려한 기존 근로자들의 반발이 자칫 파업으로 이어질 수 있다는 우려 때문에 실제 무인 탑승수속 시행 일자가 지연되고 있으며, B항공사는 인력 운용 방안을 놓고 경영진과 고심하고 있다.

① 기술혁신은 조직의 경계를 넘나들며 상호의존과 협력이 필요한 활동이다.
② 기술혁신은 지식 집약적인 활동이다.
③ 혁신 과정의 불확실성과 모호함은 기업 내에서 많은 논쟁과 갈등을 유발할 수 있다.
④ 기술혁신은 그 과정 자체가 매우 불확실하고 단기간의 시간을 필요로 한다.
⑤ 기술혁신의 성공은 사전의 의도나 계획보다 우연에 의해 이루어지는 경우도 많다.

48 다음 사례를 읽고 D사의 새로운 조직 구조에서 발생할 수 있는 변화로 적절하지 <u>않은</u> 것을 고르면?

> 종합상사인 D사의 경영진은 내년부터 조직 개편을 통한 업무 혁신을 이루고자 한다. 여러 가지 아이템을 취급하던 D사는 다른 사업에서 손을 떼고 해외유전이나 아프리카 금광 등의 자원개발 사업에 집중하고자 기존의 아이템별 조직구조이던 8팀, 4본부, 2부문 체제를 과감히 수정하여 6팀, 단일본부 체제로 조직 구조를 바꿀 계획이다.

① 과거보다 신속한 의사결정이 이루어질 것이다.
② 얇은 중간관리자 층으로 인해 다양한 검증을 거친 의견 수렴이 더 어려워질 것이다.
③ D사는 각 사업을 지원하는 지원조직이 다수 생길 것이다.
④ 산발적이던 조직문화에 기인했던 조직 간 경쟁구도가 사라질 수 있을 것이다.
⑤ D사는 내년부터 조직의 단합과 업무의 효율성을 더욱 강조하는 기업이 될 것이다.

49 다음 글을 참고할 때, '직업'이 갖는 속성으로 적절한 것을 [보기]에서 모두 고르면?

> 직업은 매일·매주·매월 등 주기적으로 일을 하거나, 계절 또는 명확한 주기가 없어도 계속 행해지며, 현재 하고 있는 일을 계속할 의지와 가능성이 있는 것을 의미한다. 또한 직업은 경제적 거래 관계가 성립되는 활동이어야 한다. 따라서 무급 자원봉사나 전업 학생은 직업으로 보지 않는다. 노력이 전제되지 않는 자연 발생적인 이득의 수취나 우연하게 발생하는 경제적 과실에 전적으로 의존하는 활동도 직업으로 보지 않는다. 뿐만 아니라 비윤리적인 영리 행위나 반사회적인 활동을 통한 경제적 이윤추구는 직업 활동으로 인정되지 않는다. 또한 모든 직업 활동은 사회 공동체적 맥락에서 의미 있는 활동이어야 할 것이며, 자발적으로 행하는 일이어야 한다. 따라서 취미활동이나 아르바이트, 강제노동 등은 체계적이고 전문화된 일의 영역으로 볼 수 있지만 이러한 속성을 갖추지 않은 경우 직업으로 포함하지 않는다. 또한 속박된 상태에서의 제반 활동 역시 직업으로 볼 수 없다.

┤ 보기 ├
ㄱ 계속성   ㄴ 경제성   ㄷ 윤리성
ㄹ 성장성   ㅁ 자발성

① ㄱ, ㄴ, ㄹ
② ㄷ, ㄹ, ㅁ
③ ㄱ, ㄴ, ㄷ, ㄹ
④ ㄱ, ㄴ, ㄷ, ㅁ
⑤ ㄴ, ㄷ, ㄹ, ㅁ

50 개인은 다양한 직업 환경에서 자신의 직무를 수행할 때 공통적으로 준수해야 할 윤리원칙이 있다. [보기]에서 가장 강조하고 있는 윤리원칙으로 적절한 것을 고르면?

┌─ 보기 ├─
- 기업의 감사 또는 위원회는 감사 직무를 수행할 때 독립된 위치에서 투명하게 감사하여야 한다.
- 기업 회계사는 합리적으로 건실한 전문가로서의 분별력과 공평무사함을 바탕으로 업무에 임하여야 한다.
- 방송사는 방송의 기획, 편성 및 제작 등이 공정하고 투명하게 이루어지도록 노력하여야 한다.

① 객관성의 원칙
② 고객중심의 원칙
③ 전문성의 원칙
④ 정직과 신용의 원칙
⑤ 공정경쟁의 원칙

정답 및 해설

NCS **영역별 최신기출** ⸺⸺ 118
NCS **실전모의고사** ⸺⸺ 125

정답 및 해설

01 어법
정답 | ③

해설 '해돋이'는 [해돋이] ─ [해도디] ─ [해도지]의 단계를 거친다. 이때 'ㄷ'가 'ㅈ'가 되는 것은 끝소리가 'ㄷ', 'ㅌ'인 형태소가 모음 'ㅣ'나 반모음 'ㅣ [j]'로 시작되는 형식 형태소와 만나 구개음 'ㅈ', 'ㅊ'이 되는 구개음화 현상이다. 따라서 'ㄷ'이 'ㅈ'으로 바뀌는 현상은 ㉠인 교체에 해당된다.

| 오답풀이 |

① [끝]에서 'ㅌ'이 'ㄷ'으로 바뀐 것은 음절의 끝소리 규칙이므로 교체에 해당한다.

② 'ㄱ'이 'ㅁ'을 만나 'ㅇ'으로 바뀐 것은 비음화이므로 교체에 해당한다.

④ '맨입'이 [맨닙]으로 발음되는 것은 'ㄴ'이 'ㅣ'와 결합하는 과정에서 'ㄴ'이 덧붙는 사잇소리 현상이므로 첨가에 해당한다.

⑤ 'ㄱ'과 'ㅎ'이 만나 'ㅋ'으로 줄어든 것은 두 음운이 만나 하나의 음운으로 줄어드는 자음축약 현상이므로 축약에 해당한다.

02 추론
정답 | ④

해설 감성 로봇으로 인해 사람 간의 직접적인 의사소통 기회가 줄어 인간관계 단절이 야기될 수 있다는 우려는 제시되어 있지만, 실제로 감성 로봇으로 인해 발생한 새로운 사회 문제들에 대한 구체적인 사례를 제시하지는 않았으므로 감성로봇으로 새로운 사회 문제들이 야기되었다고는 볼 수 없다.

| 오답풀이 |

① 강아지 로봇, 학생들을 지도하는 로봇, 노인들의 간병인 역할을 하는 로봇들은 인간과 소통하고 교감하는 모습을 보인다.

② 일본에서는 감성 로봇을 가족의 구성원으로 받아들이기 시작했고 아이들도 최근 도입된 돌보미 로봇을 가족의 일원으로 여기고 있다.

③ 감성 로봇은 독거노인의 고독사, 결혼 대신 동거를 택하는 비혼족 증가, 여러 가지 사정에 의한 가족 해체 등 현대 사회가 직면한 문제에 대응할 수 있는 적절한 해결책으로 주목받고 있다.

⑤ 감성 로봇은 은행, 카페, 쇼핑몰, 미용실, 학습, 간병 등 여러 분야에서 활용되고 있다.

03 빈칸 넣기
정답 | ②

해설 1~5문단에서는 지방 공항의 이용률이 너무 적음을 언급하고 있고, 6문단에서는 지방 공항들이 적자를 면치 못하는 배경에 부실한 수요예측과 선심성 지역사업이 있음을 언급하고 있다. 따라서 전문가들은 합리적인 수요예측을 통해 인프라 투자에 신중을 기하여야 한다고 보았음을 알 수 있다.

| 오답풀이 |

① 지방 공항의 활주로 활용률이 좋지 못했다는 것은 공항 활주로의 실태에 대한 내용이므로 빈칸에 들어갈 내용으로 적절하지 않다.

③ 빈칸 뒤의 내용을 보면, 고질적인 문제를 해결하기 위한 자발적인 노력이 필요함을 언급하고 있으므로 지방 공항의 폐쇄 여부를 결정해야 한다는 내용은 빈칸에 들어갈 내용으로 적절하지 않다.

④ 6문단에서 전문가들은 전문인을 영입하는 것이 필요하다고 보고 있음을 알 수 있지만, 코로나19로 인한 적자를 감안했기 때문이 아니므로 빈칸에 들어갈 내용으로 적절하지 않다.

⑤ 흑자를 기록한 공항들이 있지만 이러한 공항들의 사례를 연구해서 지방 공항에 도입하자는 내용은 찾아볼 수 없으므로 빈칸에 들어갈 내용으로 적절하지 않다.

04 문단 배열
정답 | ③

해설 먼저 첫 문단으로 제시된 문단은 인류문명의 발전이 과거에는 생각하지 못했던 거대 위험 사회를 초래했다는 내용이므로, (다)가 이어져서 과거의 위험과 오늘날의 위험이 어떻게 다른지를 제시해 주어야 한다. 그리고 오늘날의 위험이 주는 위험성을 다루는 (가)를 통해 보충 설명을 하는 것이 자연스럽다. 그리고 (가)의 마지막 부분에서 오늘날 사회적인 위험이 제시되어 있으므로 (라)에서 이것에 대해 '위험 사회'로 정의를 내린 학자의 주장을 제시하고, '위험 사회'의 개념에 대해 보충 설명하고 있는 (나)가 (라) 뒤에 연결되는 것이 자연스럽다. 따라서 문단을 논리적 순서에 맞게 배열하면 (다) - (가) - (라) - (나)이다.

05 주제/제목 찾기
정답 | ②

해설 1~4문단에서 금융시스템의 긍정적 기능을 소개하고, 5문단에서 금융시스템의 부정적 영향을 언급한 후, 6문단에서 부정적 영향은 줄이고 긍정적 기능을 활용하기 위해 정책당국의 다양한 노력이 필요함을 언급하므로 주제로 가장 적절한 것은 ②이다.

| 오답풀이 |
① 금융시스템과 관련한 금융인프라 구축의 시급성은 언급하지 않았으므로 주제로 볼 수 없다.
③ 경제주체들이 금융시스템을 올바르게 사용하게 하기 위한 제도적 뒷받침이 필요하다는 것은 알 수 없다.
④ 금융시스템으로 인해 발생하는 사회적 비용이 크다는 것은 부정적 영향으로 제시되어 있지만 이를 해결하기 위한 지원이 요구된다는 것을 주제로 볼 수 없다.
⑤ 우리나라 경제의 건전한 발전을 도모하기 위해 금융시스템을 활용하는 것이 필요함은 알 수 있지만 적극적인 활용이 시급함은 알 수 없다.

06 내용일치
정답 | ④

해설 4문단에서 금융시스템은 정책당국이 금융정책이나 경제정책을 수행하는 중요한 경로로 활용되고 실물 경제활동을 뒷받침함을 알 수 있다.

| 오답풀이 |
① 3문단에서 금융시장이 금리, 주가, 환율 등 금융상품의 가격을 형성하여 줌으로써 다양한 선호체계를 가진 경제주체의 금융거래가 원활하게 이루어지도록 하기 때문에 금융시스템의 기능이 수행됨을 알 수 있다.
② 2문단에서 금융시스템은 금융상품을 제공함으로써 경제주체의 여유자금이 저축되어 자금이 부족한 경제주체의 투자나 소비 지출로 이어지도록 하는 기능을 수행함을 알 수 있다.
③ 3문단에서 금융시스템이 발전하여 다양한 금융상품이 제공되고 금융거래가 활성화되면 적절한 가격을 바탕으로 경제주체는 위험을 분산할 수 있음을 알 수 있다.
⑤ 5문단에서 불완전 정보, 불완전 경쟁 등으로 금융시장은 완벽하게 작동하기 어려워 금융시스템이 항상 스스로 사회적 후생을 극대화해 주지 못하거나 경우에 따라서는 금융불안이 야기되어 큰 경제적 비용이 초래될 수도 있음을 알 수 있다.

07 공문서 이해
정답 | ③

해설 '2. 주요 사업시행 조건'에서 토지사용료는 '대상부지 면적×공시지가(원/m²)×제안요율'로 산정되는데, 이때 제안요율은 5% 이상으로 자율 제안한다고 하였다. 따라서 사업시행자는 사용하고자 하는 토지에 대해 7%의 요율을 적용한 토지사용료를 지불할 수 있다.

| 오답풀이 |
① '4. 사업제안서 작성 및 제출'에 따르면 사업제안서는 인천국제공항공사 복합도시개발팀으로 직접 제출해야 하며 이때 신분증 및 재직증명서를 지참하여야 한다.
② '1. 사업개요 및 사업시행 조건'에서 건설기간은 실시협약 체결일로부터 4년 이내라고 하였으므로 2022년 8월 15일이 실시협약 체결일이라면 2026년 8월 15일까지는 건설을 완료해야 한다.
④ '2. 주요 사업시행 조건'에서 개발사업자는 사업제안서 제출 시 총사업비의 5% 이상을 현금 또는 보증보험으로 납부해야 한다고 하였다. 따라서 총사업비가 15억 원일 경우 최소 이의 5%인 7,500만 원을 납부해야 한다.
⑤ '3. 사업제안서 평가 및 협약대상자 지정'에서 1,000점 만점 기준으로 평점 850점 이상이며 각 분야별 평가점수 배점한도 60% 이상인 사업자를 협상적격자로 선정하고, 단독제출 시에도 동일한 절차를 이행한다고 하였다. 따라서 평점이 650점이라면 선정기준을 만족하지 못함을 알 수 있다.

08 문서이해능력
정답 | ③

해설 주어진 사례는 나날이 업무량이 늘어 결국 통제가 어려운 상황에 닥친 세일즈맨 P 씨가 효율적으로 업무를 처리하기 위하여 비슷한 업무를 종류별로 그룹화하고, 상사의 지시문 중 중요한 부분만 메모하여 정리하였더니 업무 효과가 현저히 증가했다는 내용을 담고 있다. 같은 업무를 추진하더라도 요점을 파악하고 정리하는지가 업무 성과의 차이를 가져옴을 알려 주는 사례이다. 이를 통해 업무를 추진할 때 문서이해를 통해 정보를 획득하고, 수집·종합하는 능력이 중요하다는 것을 알 수 있다.

01 응용수리(소금물의 농도)　　　　정답 | ③

해설 두 소금물 A, B의 농도를 각각 $x\%$, $y\%$라고 할 때, 두 소금물 A, B를 $4:1$의 비율로 섞으면 농도가 18%인 소금물이 되므로 다음과 같은 식이 성립한다.

$$\frac{x}{100} \times 4 + \frac{y}{100} \times 1 = \frac{18}{100} \times (4+1)$$

$$4x + y = 90 \quad \cdots\cdots \bigcirc$$

두 소금물 A, B를 $3:2$의 비율로 섞으면 농도가 20%인 소금물이 되므로 다음과 같은 식이 성립한다.

$$\frac{x}{100} \times 3 + \frac{y}{100} \times 2 = \frac{20}{100} \times (3+2)$$

$$3x + 2y = 100 \quad \cdots\cdots \bigcirc\!\!\bigcirc$$

$\bigcirc \times 2 - \bigcirc\!\!\bigcirc$을 하면 $5x = 80$이므로 $x = 16$이다.

$x = 16$을 $\bigcirc$에 대입하면 $(4 \times 16) + y = 90$이므로 $y = 26$이다.

따라서 소금물 A의 농도는 16%, 소금물 B의 농도는 26%이다.

02 응용수리(방정식)　　　　정답 | ①

해설 광고 총 12개 중 2개는 45초짜리이므로 15초짜리 광고와 30초짜리 광고는 총 10개이다. 15초짜리 광고가 x개라고 하면 30초짜리 광고는 $(10-x)$개이다. 5분 중 45초짜리 광고 2개를 빼면 남은 시간은 $300 - 45 \times 2 = 210$(초)이므로 다음과 같은 식이 성립한다.

$$15x + 30(10-x) = 210$$

$$15x + 300 - 30x = 210$$

$$-15x = -90$$

$$\therefore x = 6$$

즉, 15초짜리 광고는 6개, 30초짜리 광고는 $10-6 = 4$(개)이다.

따라서 15초짜리 광고와 30초짜리 광고의 개수의 차는 $6-4 = 2$(개)이다.

03 자료이해　　　　정답 | ⑤

해설 2015~2019년 중 특허등록 수가 가장 적은 해는 2015년이다. 특허등록률은 2015년이 $\frac{4}{5} \times 100 =$

80(%), 2016년이 $\frac{7}{20} \times 100 = 35$(%)이므로 2015년 특허등록률이 가장 낮지는 않다.

| 오답풀이 |

① 2019년 누적 출원 특허는 125건, 누적 등록된 특허는 86건으로 누적 특허등록률은 $\frac{86}{125} \times 100 = 68.8$(%), 즉 약 69%이다.

② 2014년까지의 특허출원 수는 $58-5 = 53$(건), 특허등록 수는 $35-4 = 31$(건)으로 $\frac{53}{31} ≒ 1.71$(배), 즉 약 1.7배이다.

③ 2015~2019년 동안 연평균 $\frac{5+20+18+18+11}{5} = 14.4$(건), 즉 약 14건의 특허를 출원하였다.

④ 2015~2019년 중 특허등록률이 가장 낮은 해는 2016년으로 이 해의 특허등록률은 $\frac{7}{20} \times 100 = 35$(%)이다.

04 자료이해　　　　정답 | ⑤

해설 ⓒ [표1], [표2]에서 2018년 네트워크보안 시스템 개발 매출은 729,393백만 원, 정보보안 매출은 3,082,926백만 원이다. 이때 $3,082,926 \times 0.3 = 924,877.8 > 729,393$이므로 옳지 않다.

ⓔ [표1], [표3]에서 2020년 물리보안 시스템 개발 및 공급 중 매출이 가장 적은 산업은 173,434백만 원의 물리보안 주변장비이고, 2020년 정보보호산업 매출은 11,898,622백만 원이다. 이때 $11,898,622 \times 0.02 = 237,972.44 > 173,434$이므로 옳지 않다.

| 오답풀이 |

⊙ [표1]에서 정보보호산업 중 정보보안 매출 총액과 물리보안 매출 총액은 모두 매년 증가하고 있으므로 옳다.

ⓒ [표1]에서 물리보안 시스템 개발 및 공급 매출은 매년 정보보안 시스템 개발 및 공급 매출의 2배 이상이므로 옳다. 참고로, 2018년은 $4,421,928 > 2,093,723 \times 2$, 2019년은 $4,706,176 > 2,209,562 \times 2$, 2020년은 $4,959,014 > 2,397,878 \times 2$이다.

05 자료계산　　　　정답 | ③

해설 [표1]에서 2021년 인구는 51,906.4천 명, 즉 51,906,400명이고, 전년 대비 0.18% 감소한 것이므로 2020년 인구는 $\frac{51,906,400}{1-0.0018} = \frac{51,906,400}{0.9982} = 52,000,000$(명)이다.

이때 2020년 19~64세 인구는 전체 인구의 70%이므로 $52,000,000 \times 0.7 = 36,400,000$(명)이다.

[표2]에서 2020년 19~64세 인구 중 비만은 $31.9 + 6.5 + 1.6 = 40(\%)$이므로 비만인구는 $36,400,000 \times 0.4 = 14,560,000$(명)이다.

19~64세 비만인구의 80%가 고혈압이므로 2020년 비만이면서 고혈압인 19~64세 인구는 $14,560,000 \times 0.8 = 11,648,000$(명)이다.

06 자료계산
정답 | ②

해설 2010~2019년 중 가구 수가 가장 적은 해의 가구 수는 2010년의 868,320가구이므로 2020년 가구 수는 $868,320 \times (1+0.1) = 955,152$(가구)이다.

2020년 대구광역시의 전년 대비 보급률 증감은 1.7%p이므로 2020년 가구당 주택보급률은 $103.3 + 1.7 = 105(\%)$이다.

따라서 2020년 대구광역시의 주택 수는 $955,152 \times \frac{105}{100} = 1,002,909.6$(호), 즉 1,002,910호이다.

| 풀이 TIP |

2020년 주택 수는 $868,320 \times 1.1 \times 1.05$로 구하며, 주어진 자료를 이해하고 공식을 이용하는 순서를 헷갈리지 않아야 정확하게 문제를 해결할 수 있다.

07 자료변환
정답 | ①

해설 [표1]에서 연도별 3급 감염병 누적 발생 수는 다음과 같다.
- 2017년: 19,401명
- 2018년: $19,401 + 20,085 = 39,486$(명)
- 2019년: $39,486 + 16,684 = 56,170$(명)
- 2020년: $56,170 + 18,403 = 74,573$(명)
- 2021년: $74,573 + 17,807 = 92,380$(명)
- 2022년: $92,380 + 2,461 = 94,841$(명)

그런데 그래프는 누적 수 각각을 다시 더해서 작성되었으므로 옳지 않다.

| 오답풀이 |

② [표2]에서 연도별 A형·B형·C형간염 발생 수는 다음과 같다.
- 2017년: $4,419 + 391 + 6,396 = 11,206$(명)
- 2018년: $2,437 + 392 + 10,811 = 13,640$(명)
- 2019년: $17,598 + 389 + 9,810 = 27,797$(명)
- 2020년: $3,989 + 382 + 11,849 = 16,220$(명)

- 2021년: $6,421 + 435 + 9,975 = 16,831$(명)
- 2022년: $641 + 80 + 2,043 = 2,764$(명)

따라서 바르게 작성한 그래프이다.

③ [표2]에서 전국의 A형, B형, C형간염 발생 수는 각각 641명, 80명, 2,043명이고, [표3]에서 서울의 A형, B형, C형간염 발생 수는 각각 128명, 6명, 333명이므로 2022년 1분기 간염유형별 간염 발생 수 중 서울의 비중은 다음과 같다.

- A형간염: $\frac{128}{641} \times 100 ≒ 20(\%)$
- B형간염: $\frac{6}{80} \times 100 ≒ 8(\%)$
- C형간염: $\frac{333}{2,043} \times 100 ≒ 16(\%)$

따라서 바르게 작성한 그래프이다.

④ [표3]에서 2022년 1분기 A형·B형·C형간염 발생 수 상위 5개 지역은 다음과 같다.
- 경기: $190 + 27 + 297 = 514$(명)
- 서울: $128 + 6 + 333 = 467$(명)
- 부산: $21 + 3 + 329 = 353$(명)
- 경남: $12 + 4 + 212 = 228$(명)
- 인천: $48 + 6 + 159 = 213$(명)

따라서 바르게 작성한 그래프이다.

⑤ [표2]에서 2018~2021년의 전년 대비 간염유형별 간염 발생 수 증감은 다음 표와 같다.

(단위: 명)

구분	A형간염	B형간염	C형간염
2018년	$2,437 - 4,419$ $= -1,982$	$392 - 391$ $= 1$	$10,811 - 6,396$ $= 4,415$
2019년	$17,598 - 2,437$ $= 15,161$	$389 - 392$ $= -3$	$9,810 - 10,811$ $= -1,001$
2020년	$3,989 - 17,598$ $= -13,609$	$382 - 389$ $= -7$	$11,849 - 9,810$ $= 2,039$
2021년	$6,421 - 3,989$ $= 2,432$	$435 - 382$ $= 53$	$9,975 - 11,849$ $= -1,874$

따라서 바르게 작성한 그래프이다.

NCS 영역별 최신기출_문제해결능력
P. 59

01	②	02	④	03	②	04	①
05	②	06	④	07	⑤		

01 명제추리
정답 | ②

해설 전제1을 만족하는 가장 기본적인 벤다이어그램은 [그림1]과 같다.

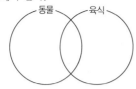

[그림1]

이 상태에서 '새'와 '육식' 사이에 공통영역이 존재한다는 결론을 반드시 만족하기 위해선 [그림2]와 같이 '새'가 '동물'을 포함하고 있으면 된다.

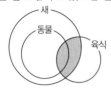

[그림2]

'새'가 '동물'을 포함하고 있으면 [그림2]의 색칠된 부분이 반드시 존재하게 되므로, '새'와 '육식' 사이에 공통영역이 존재한다는 결론을 반드시 만족하게 된다. 따라서 '전제2'에 들어갈 알맞은 명제는 ②이다.

02 조건추리
정답 | ④

해설 학급 비상금을 훔친 사람은 한 명인데, A는 B가 학급 비상금을 훔쳤다고 말하고 D는 A가 학급 비상금을 훔쳤다고 말하므로 둘 중 적어도 한 명은 거짓을 말하는 것을 알 수 있다. 둘 중 한 명만 거짓을 말할 경우, 학급 비상금을 훔친 사람은 A 또는 B가 되어 C는 학급 비상금을 훔치지 않았다는 B, C의 진술은 참이 된다. 또한, E의 진술은 거짓이 되어 학급 비상금을 훔친 사람은 참을 말함을 알 수 있다. 이때 A의 말이 거짓, D의 말이 참이면 A가 학급 비상금을 훔친 동시에 거짓을 말하는 모순이 발생하므로 A의 말이 참, D의 말이 거짓이며 학급 비상금을 훔친 사람은 B이다.

A와 D가 모두 거짓을 말할 경우, B, C, E는 모두 참을 말하므로 A, B, C는 학급 비상금을 훔치지 않았다. E가 학급 비상금을 훔쳤을 경우, 학급 비상금을 훔친 사람은 거짓을 말한다는 E의 진술에 모순이 발생하며, D가 학급 비상금을 훔쳤을 경우에는 모순이 발생하지 않는다.

따라서 학급 비상금을 훔친 사람으로 가능한 사람은 B, D이다.

03 문제해결
정답 | ②

해설 ㉠ 새 교육훈련 프로그램 실시 전과 후의 이익은 다음과 같다.

- 실시 전: $14 \times 100 \times 10$(직원 수)$\times 12$(12개월) $= 168,000$(만 원)
- 실시 후: $16 \times 135 \times 10$(직원 수)$\times 12$(12개월) $= 259,200$(만 원)

따라서 이익증가액은 $259,200 - 168,000 = 91,200$(만 원)인데, 이 중 50%가 새 교육훈련 프로그램의 효과이므로 새 교육훈련 프로그램의 편익은 $91,200 \div 2 = 45,600$(만 원)이다.

그런데 새 교육훈련 프로그램의 비용은 5억 원으로, 비용이 편익보다 커 ROI 값은 음수가 나온다. 따라서 새 교육훈련 프로그램은 지속 가능성이 없다고 판단된다.

㉢ 이익증가액의 100%를 새 교육훈련 프로그램의 효과로 추정한다면, 편익은 91,200만 원이다. 따라서 $ROI = \dfrac{91,200 - 50,000}{50,000} \times 100 = 82.4(\%)$ 이다.

| 오답풀이 |

㉡ 새 교육훈련 프로그램 효과에 따른 1인당 월평균 이익증가액은 $(16 \times 135 - 14 \times 100) \div 2 = 380$(만 원)이다.

㉣ 비용이 3천만 원 줄어 47,000만 원이 되더라도, 여전히 편익 45,600만 원보다 크므로 새 교육훈련 프로그램은 지속 가능성이 없다고 판단된다.

04 문제해결
정답 | ①

해설 ㉠ 1,000명의 신입사원 중 수도권 출신은 $1,000 \times 0.5 = 500$(명), 대도시 출신은 $1,000 \times 0.3 = 300$(명), 중소도시 출신은 $1,000 \times 0.2 = 200$(명)이다. 출신지역이 중소도시인 신입사원 중 여자의 비율은 40%이므로 $200 \times 0.4 = 80$(명)이고, 이 중 30%가 입사 지원 동기로 연봉을 뽑았으므로 그 수는 $80 \times 0.3 = 24$(명)이다.

㉢ 출신지역과 성별을 기준으로 구분된 6개 그룹의 직원 수는 다음과 같다.

(단위: 명)

구분	남자	여자
수도권(500)	$500 \times 0.3 = 150$	$500 \times 0.7 = 350$
대도시(300)	$300 \times 0.4 = 120$	$300 \times 0.6 = 180$
중소도시(200)	$200 \times 0.6 = 120$	$200 \times 0.4 = 80$

따라서 수도권 출신 여자 직원의 수가 가장 많다.

| 오답풀이 |

ⓒ 대도시 출신 300명 중 남자는 300×0.4＝120(명), 여자는 300×0.6＝180(명)이다. 따라서 대도시 출신 신입사원 중 입사 지원 동기로 워라밸을 뽑은 남자 직원의 수는 120×0.4＝48(명), 입사 지원 동기로 워라밸을 뽑은 여자 직원의 수는 180×0.3＝54(명)이므로 여자가 더 많다.

ⓔ 수도권 출신 500명 중 남자는 500×0.3＝150(명), 여자는 500×0.7＝350(명)이다. 따라서 수도권 출신 신입사원 중 입사 지원 동기로 복지를 뽑은 남자 직원의 수는 150×0.2＝30(명), 입사 지원 동기로 근무환경을 뽑은 여자 직원의 수는 350×0.2＝70(명)이므로 그 수가 서로 같지 않다.

05 문제처리
정답 | ②

해설 출신지역, 성별, 입사 지원 동기별로 인원수를 계산하면 다음과 같다.

(단위: 명)

구분	성별	연봉	복지	근무환경	워라밸
수도권	남자(150)	150×0.4＝60	150×0.2＝30	150×0.3＝45	150×0.1＝15
	여자(350)	350×0.1＝35	350×0.3＝105	350×0.2＝70	350×0.4＝140
대도시	남자(120)	120×0.2＝24	120×0.2＝24	120×0.2＝24	120×0.4＝48
	여자(180)	180×0.3＝54	180×0.2＝36	180×0.2＝36	180×0.3＝54
중소도시	남자(120)	120×0.2＝24	120×0.5＝60	120×0.2＝24	120×0.1＝12
	여자(80)	80×0.3＝24	80×0.4＝32	80×0.2＝16	80×0.1＝8
합계		1,000	221	287	215	277

따라서 선택한 사람이 많은 순서대로 나열하면 '복지＞워라밸＞연봉＞근무환경'이다.

06 문제의 유형
정답 | ④

해설 탐색형 문제는 잠재문제, 예측문제, 발견문제의 세 가지 형태로 구분된다. 잠재문제는 문제가 잠재되어 있어 보지 못하고 인식하지 못하다가 결국은 문제가 확대되어 해결이 어려운 문제를 의미한다. 이와 같은 문제는 숨어있기 때문에 조사 및 분석을 통해서 찾아야 할 필요가 있다. 예측문제는 지금 현재로는 문제가 없으나 현 상태의 진행 상황을 예측이라는 방법을 사용하여 찾아야 앞으로 일어날 수 있는 문제가 보이는 문제를 의미한다. 발견문제는 현재로서는 담당 업무에 아무런 문제가 없으나 유사

타 기업의 업무방식이나 선진기업의 업무 방법 등의 정보를 얻음으로써 지금보다 좋은 제도나 기법, 기술을 발견하여 개선, 향상시킬 수 있는 문제를 말한다. 따라서 발생형 문제의 특징인 ㉠을 제외한 ㉡, ㉢, ㉣이 탐색형 문제의 특징이다.

07 창의적 사고
정답 | ⑤

해설 창의적으로 사고하기 위해서는 문제에 대한 다양한 사실이나 아이디어를 창출할 수 있는 발산적 사고가 요구된다. 이러한 발산적 사고를 개발하기 위한 방법으로는 자유연상법, 강제연상법, 비교발상법 등이 있다. 자유연상법의 대표적인 사례는 브레인스토밍을 들 수 있으며, 강제연상법의 사례에는 체크리스트가 있다. 비교발상법은 주제와 본질적으로 닮은 것을 힌트로 하여 새로운 아이디어를 얻는 방법으로 NM법, Synectics 등을 사례로 들 수 있다.

NCS 영역별 최신기출_그 외 영역
P. 66

01	②	02	①	03	④	04	③
05	②	06	⑤	07	③	08	①

01 예산관리
정답 | ②

해설 직접비용에는 재료비, 원료와 장비, 시설비, 여행(출장) 및 잡비, 인건비 등이 있으며, 간접비용에는 보험료, 건물관리비, 광고비, 통신비, 사무비품비, 각종 공과금 등이 있다.

02 인적자원관리
정답 | ①

해설 ·A: 공사금액이 150억 원 미만이고, 유해·위험방지계획서 제출 대상이 아닌 토목공사업에 속하는 공사이므로 안전관리자를 1명 이상 선임해야 한다.
·B: 공사금액이 50억 원 이상 120억 원 미만이면서 유해·위험방지계획서 제출 대상인 공사이므로 안전관리자를 1명 이상 선임해야 한다.
·C: 공사금액이 800억 원 이상이므로 안전관리자를 2명 이상 선임해야 한다. 이때, 공사금액 기준으로는 1,200(＝700＋500)억 원이 추가되었으므로 안전관리자를 1명 추가, 상시근로자 수 기준으

로는 900(=3×300)명이 추가되었으므로 안전관리자를 3명 추가해야 한다. 이 중 추가 인원이 더 많은 상시근로자 수 기준에 따라 안전관리자를 적어도 5명 선임해야 한다.

- D: 공사금액이 800억 원 이상이므로 안전관리자를 2명 이상 선임해야 하고, 1,700(=2×700+300)억 원 추가되었으므로 안전관리자가 2명 추가되어 적어도 4명 선임해야 한다. 그런데 공사기간이 5년 이상인 장기계속공사이고, 상시근로자 수가 600명 미만이면서 당 회계연도의 공사금액이 전체 공사금액의 5% 미만이고, 공사 시작 후 및 종료 전의 15에 해당하는 기간이 아니므로 전체 안전관리자 수에서 1명을 줄인 3명 이상을 선임해야 한다.
- E: 공사금액이 800억 원 이상이므로 안전관리자를 2명 이상 선임해야 하는데 상시근로자 수가 600명 미만이고, 공사 종료 전의 15에 해당하는 기간이므로 안전관리자를 1명 이상 선임해야 한다.
- F: 공사금액이 800억 원 이상이므로 안전관리자를 2명 이상 선임해야 하고, 700억 원 추가되었으므로 안전관리자가 1명 추가되어 적어도 3명 선임해야 하다. 그런데 공사 종료 전의 15에 해당하는 기간이므로 안전관리자를 1명 이상 선임해야 한다.(당 회계연도 공사금액이 전체의 5% 미만이지만 공사 종료 전의 15에 해당하는 기간이므로 나목이 아니라 가목을 적용한다.)

따라서 A~F 공사에 선임되는 안전관리자 수의 합은 1+1+5+3+1+1=12(명)이다.

03 자기개발 계획 수립   정답 | ④

해설 중국어 공부를 해야겠다는 다소 막연하고 추상적인 방법은 구체성이 없어 제대로 실천하기 어려워진다. 따라서 '1시간 일찍 출근하여 매일 중국어 뉴스 보기', '퇴근 후 중국어 잡지 30분 읽기' 등으로 구체적인 방법을 계획하는 것이 올바른 자기개발 계획을 수립하는 방법이다.

| 오답풀이 |
① 주재원 발령을 확실히 하려는 의도, 승진을 염두에 둔 것 등은 전략적 판단으로 볼 수 있다.
② '현지에서 인맥을 쌓는 데도 유용할 것'에서 인맥을 넓히고자 하는 의도를 엿볼 수 있다.
③ 주재원 발령을 대비하는 것 자체가 직무와의 연관성을 고려한 것이다.

⑤ 현재뿐 아니라 향후의 대비, 자녀 교육 등까지도 고려하였다.

04 윈-윈(Win-Win) 전략   정답 | ③

해설 ③과 같은 화두는 상대방이 필요로 하는 것에 대해 생각해 보았다는 의미로, 2단계에서 던질 수 있는 질문이다. 3단계 '상호 입장 명확히 하기'는 서로의 입장에 있어 동의하는 부분과 다른 부분은 무엇인지를 알아보고 자신이 이해한 바를 명확히 하는 단계로 다음과 같은 화두를 생각해 보는 것이 효과적이다.

- 우리가 서로 동의하는 부분을 검토해 보자. 우리가 원하는 것은 이러이러한 것인가?
- 우리가 서로 다른 부분을 검토하자. 당신이 바라는 것은 이렇고, 내가 바라는 것은 이렇다.
- 네 생각이 바로 이런 것인가?

05 MS Excel 활용능력   정답 | ②

해설 Default로 데이터 범위를 숨기기 할 경우 사라지는 경우가 있으며, 이런 경우에는 다음과 같이 옵션값을 바꾸면 숨긴 데이터 값을 표시할 수 있다.

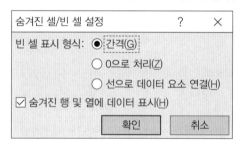

| 오답풀이 |
① 그래프 종류 중 '꺾은선형'은 꺾은선으로, '열'은 막대표시로, '승패'는 데이터 크기와 관계없이 양의 수치인지 음의 수치인지만을 표시해 준다.

06 기술경영자와 기술관리자의 능력   정답 | ⑤

해설 ⓒ은 기술관리자에게 요구되는 능력이며, 기술경영자는 시스템에만 의존하기보다 기술의 성격 및 이와 관련된 동향, 사업 환경 등을 이해하여 그에 따른 통합적인 문제해결과 함께 기술혁신을 달성할 수 있는 능력이 요구된다.

07 조직도
정답 | ③

해설 ⓒ 4개의 본부와 5개의 실이 있으며, 산하조직으로 12개의 팀, 4개 사업소, 1개 단으로 이루어진 조직구조이다.

ⓔ 감사본부는 이사장의 직할 조직으로 편제되어 있어 이사장에게 업무를 직접 보고하며, 전체 회사를 대상으로 감사 업무를 진행한다.

| 오답풀이 |

ⓐ 주어진 조직도는 제품이나 프로젝트별로 구분된 것이 아니다. 프로젝트나 업무가 사업본부 내에 속해 있으며 사업본부 전체가 사업 영역에 해당하는 업무를 담당하는 하나의 조직이다. 따라서 기능적 조직구조로 보는 것이 더 타당하다. 예를 들어 주택사업팀, 기술사업팀, 뉴딜사업팀 등 각기 다른 사업을 하는 조직이 횡으로 구분되어 있고 해당 지원조직이 팀마다 갖추어져 있다면 사업별 조직구조의 형태를 취한다고 볼 수 있다.

ⓑ 사업본부는 산하에 2개의 실이 있어 기획본부나 관리본부보다 많으나, 산하조직의 수가 많다는 것으로 권한과 결정권의 우위에 있다고 볼 수는 없다.

08 직업윤리
정답 | ①

해설 개인윤리의 기본 덕목인 사랑, 자비 등과 방법론상의 이념인 공동발전의 추구, 장기적 상호이익 등의 기본은 직업윤리에서도 동일하게 적용된다. 그러나 특수한 직무 상황에서는 개인적 덕목 차원의 일반적인 상식과 기준으로는 규제할 수 없는 경우가 많다. 따라서 직업윤리에서 요구되는 덕목과 규범은 개인윤리와 동일하다고 볼 수 없다.

| 오답풀이 |

② 직업윤리란 개인윤리를 바탕으로 각자가 직업에 종사하는 과정에서 요구되는 특수한 윤리규범이다.

③ 사회를 구성하는 개체로서 각자의 목적달성을 위해 노력하는 기업, 단체 등 특정 조직체 내부 구성원 간의 관계를 규정하고 효율을 도모하는 특수윤리가 있다.

④ 직장이라는 특정 조직체에 소속되어 동료들과 협력하여 공동으로 업무를 수행해야 하므로 공통적으로 준수해야 할 직업윤리가 존재한다.

⑤ 직업윤리의 수준이 낮을 경우 경제 행위에 근간이 되는 신뢰성이 결여되어 국가경쟁력을 가질 수 없으며 경제발전 또한 이룰 수 없게 된다.

NCS 실전모의고사
P. 72

01	③	02	④	03	④	04	③	05	④
06	④	07	④	08	③	09	①	10	②
11	⑤	12	⑤	13	⑤	14	①	15	③
16	①	17	①	18	④	19	④	20	③
21	②	22	③	23	②	24	①	25	③
26	②	27	④	28	③	29	④	30	③
31	③	32	③	33	②	34	②	35	②
36	③	37	③	38	①	39	④	40	④
41	⑤	42	⑤	43	④	44	④	45	⑤
46	④	47	③	48	③	49	④	50	①

01 주제/제목 찾기
정답 | ③

해설 주어진 글의 1문단은 글의 핵심 제재인 근대 철학이 비판의 대상이 되었음을 설명하고 있다. 2문단은 근대 철학에 대한 대표적인 비판으로 환경론자들의 주장을 소개하고 있으며, 3문단은 환경론자들이 근대 철학을 비판하기 위해 과학기술주의를 비판했음을 설명하고 있다. 4문단은 이러한 환경론자들의 철학적 토대를 제공한 하이데거의 철학을 설명하고, 5문단은 하이데거의 의의를 밝히고 있다. 이를 종합하여 볼 때 주어진 글의 중심 내용으로 가장 적절한 것은 '근대 철학에 대한 환경론자들의 비판'이다.

02 문단배열
정답 | ④

해설 주어진 글은 공명성을 통한 국어의 비음화를 설명하고 있다. 따라서 가장 먼저 와야 하는 것은 공명성이 무엇인지 밝히고 있는 (다)이다. 그 다음에는 음운 중에서 모음이 자음보다 공명성이 더 크다는 내용의 (라)가 와야 한다. 그리고 나서 구체적인 음절을 예로 들고 있는 (가)가 오고 이 공명성 때문에 자음동화가 일어난 예를 설명한 (나)가 와야 한다. 마지막으로 자음동화 중 비음화의 원리를 공명도로 설명하는 (마)가 와야 한다. 따라서 문단을 논리적 순서에 맞게 배열하면 (다)—(라)—(가)—(나)—(마)이다.

03 내용일치
정답 | ④

해설 주어진 글은 코로나19로 인해 디지털 경제의 가속화가 진행되었고, 그중에서도 공간적 제약과 출퇴근 시간이라는 시간적 제약에서 벗어나 근무하는 스마트워크가 빨리 도입되고 있다는 내용이다. 특히 7문단의 '해외 선진국의 스마트워크 활용률이 50% 이상인 데 비해 우리나라의 스마트워크 활용률은 25% 내외를 보이고 있다'를 통해 선진국과 비교하여 우리나라는 스마트워크의 도입이 더디다는 것을 알 수 있는데, 그 원인에 대해서는 제시하고 있지 않으므로 적절하지 않은 설명이다.

| 오답풀이 |

① 1, 2문단과 마지막 문단을 통해 알 수 있다.
② 3문단의 '유럽과 미국 등의 선진국에서 스마트워크가 빠르게 도입된 것은 저출산, 고령화 등의 인구구조 변화에 대응하기 위함이지만 근본적으로는 IT 기반 기술이 뒷받침되었기 때문에 가능한 것이었다'를 통해 알 수 있다.
③ 4문단의 '유럽의 경우는 저출산 문제로 1980년대 이후 법제화를 통한 스마트워크가 시작되었고, 미국은 IT 기술의 발전으로 1990년대부터 스마트워크가 시작되었다. 일본은 크게 발전하지 못하다가 2011년 동일본 대지진을 겪으면서 스마트워크의 필요성이 부각되기 시작했다'를 통해 알 수 있다.
⑤ 2문단을 통해 알 수 있다.

04 내용일치 정답 | ③

해설 '적정 기술'은 슈마허가 제안한 '중간 기술', 즉 '빈곤국의 필요에 적합한, 값싸고 소박한 기술' 정도로 정의되었는데 이러한 '적정 기술'의 외연을 바커가 '인간이 기본적인 생활을 영위하는 데 필요한 모든 기술'로 확대하였다.

| 오답풀이 |

① '적정 기술'이라는 용어는 1960년대 중반 이후 영국의 경제학자 슈마허가 제안한 '중간 기술'을 표현하는 다른 단어임을 알 수 있으나, 해당 용어가 21세기에 생겨난 용어인지는 알 수 없다.
② 슈마허가 제안한 '중간 기술'이 오늘날 적정 기술 운동의 기초가 된 것은 맞지만 슈마허가 '적정 기술'이라는 용어를 최초로 사용했는지는 알 수 없다.
④ 사람들의 기술에 대한 의존도를 높이는 것은 최첨단 기술이다. 적정 기술은 기술에 대한 의존도를 줄이고 자립적 생존을 도모하는 기술이다.
⑤ 위기에 취약한 최첨단 기술을 보완할 수 있는 기술로서 적정 기술의 유용성이 주목을 받게 된 것이지 최첨단 기술의 약점을 보완하기 위해 적정 기술을 개발한 것은 아니다.

05 빈칸 넣기 정답 | ④

해설 주어진 글은 도시재생과 관련된 내용이다. 빈칸에 들어갈 내용을 알아내려면 빈칸 앞뒤의 내용을 면밀하게 읽어야 한다. 빈칸 앞에서는 청년 도시재생에 대하여 살고 있는 지역에서 새로운 라이프스타일을 만들어 가는 것으로 소개하고 있다. 빈칸 뒤에서는 도시재생 뉴딜을 언급하고, 도심의 활력 부여를 위해서 젊은 층의 사업 참여가 핵심이라고 언급하며 일자리를 창출해야 한다고 강조한다. 이러한 도시재생을 통해 단순한 일자리 창출을 넘어 삶을 풍요롭게 하는 자연 환경이나 지역사회가 공유하는 역사·문화 경험들을 활용해 지역에 특화된 콘텐츠를 만들어 낼 수 있다고 언급하고 있으므로 도시재생 뉴딜이 원도심의 사회·경제·문화적 종합재생을 추진하는 사업이라고 개념을 제시하는 것이 적절하다.

| 오답풀이 |

① 빈칸 뒤의 내용을 보면 원도심의 사회·경제·문화적 종합재생에 대한 언급이 있는 것이 더욱 적절하다.
② 도시재생 뉴딜에 대한 언급이 있어야 하며 도시의 종합재생에 대한 내용도 포함되어야 한다.
③ 도시재생 뉴딜의 개념이 제시된 후에 이를 구체화하는 내용으로 서술되는 편이 더욱 자연스러우며, 빈칸 뒤의 내용을 살펴보면 다양한 활동가들에 대한 부분도 맥락상 이어지지 않는다.
⑤ 2문단보다는 3문단과 관련이 깊은 내용이다.

06 내용일치 정답 | ④

해설 3문단에서 자기부상열차를 선로에서 띄우는 방식은 두 가지로, 반발식 자기부상과 흡인식 자기부상이 대표적임을 알 수 있다.

| 오답풀이 |

① 2문단에서 강한 자석을 만들려면 쇠막대를 코일로 감아서 높은 전류를 흘려보내야 함을 알 수 있다.
② 4문단에서 흡인식 자기부상열차는 레일 쪽으로 흡인력이 발생하여 부상하는 방식임을 알 수 있다.
③ 3문단에서 반발식 자기부상은 자석의 같은 극끼리 서로 밀어내는 힘을 이용해서 열차를 띄우는 방식임을 알 수 있다.
⑤ 1문단에서 자기부상열차가 움직이기 위해서는 열차를 선로로부터 띄우는 힘과 열차를 원하는 방향으로 진행시키는 두 가지 힘이 필요함을 알 수 있으므로 같은 방향의 두 가지 힘이 필요한 것이 아니다.

07 추론

해설 4문단에서 자석의 다른 극끼리 끌어당기는 힘을 이용하는 방식은 흡인식 자기부상임을 알 수 있고, 항상 부상제어를 해야 하는 단점이 있지만 속도에 상관없이 부상할 수 있음을 알 수 있다. 흡인식 자기부상은 전자기 유도원리가 아니라 흡인력에 의해 부상하는 것이므로 적절하지 않다.

| 오답풀이 |

① 2문단에서 높은 전류를 흘려보내면 코일이 모두 녹아 버리는데 초전도 자석으로 그 문제를 해결할 수 있음을 알수 있다. 따라서 자기부상열차는 초전도 자석 기술력이 필요함을 알 수 있다.

② 2문단에서 열차가 선로 위를 뜬 채로 움직이면 마찰이 없어 매우 고속으로 달릴 수 있음을 알 수 있다. 따라서 열차의 속도는 선로와 열차의 마찰에 영향을 받음을 알 수 있다.

③ 4문단에서 흡인식 자기부상은 전자석에 흐르는 흡인력이 줄어들면 열차 무게 때문에 아래 방향으로 내려감을 알수 있다. 따라서 전자석에 흐르는 흡인력이 줄어들면 열차와 레일의 간격이 줄어들게 됨을 알 수 있다.

⑤ 3문단에서 반발식 자기부상은 열차가 앞으로 가는 동안 전자석의 전류방향을 반대로 하여 열차의 부상을 유지함을 알 수 있다.

08 추론

해설 주어진 글은 애착형성의 중요성에 대한 글이다. 특히 아기의 발달 단계에서 부모의 행동에 따른 아기의 인지발달에 대해 구체적으로 제시하고 있는데, 4문단에서 12개월 이내의 아기가 엄마와 분리 불안을 나타내고 낯선 사람을 무서워하는 것은 정상 발달 단계라고 언급이 되어 있을 뿐, 이것이 애착형성이 잘되었다는 증거라고 언급하고 있지는 않다. 글에서는 이 시기가 지나 애착이 확립되면 이런 모습은 자연스럽게 줄어든다고 표현되어 있다.

| 오답풀이 |

① 1, 2문단을 통해 추론할 수 있다.

② 3문단을 통해 추론할 수 있다.

④ 5문단을 통해 추론할 수 있다.

⑤ 6문단을 통해 추론할 수 있다.

09 어휘

해설 ㉠ 최종 자금수요자에게 자금이 공급되는 것이므로 '자금이나 물자 따위를 대어 줌'이라는 의미의 '조달'이 들어가야 한다.

㉡ 금융자산의 만기라는 기준에 따라 자금시장과 자본시장을 나누었으므로 '일정한 기준에 따라 전체를 몇 개로 갈라 나눔'이라는 의미의 '구분'이 들어가야 한다.

㉢ 외환파생상품 위주로 좋은 상태로 나아갔으므로 '더 낫고 좋은 상태나 더 높은 단계로 나아감'이라는 의미의 '발전'이 들어가야 한다.

| 오답풀이 |

• 공급: 요구나 필요에 따라 물품 따위를 제공함

• 확보: 확실히 보증하거나 가지고 있음

• 구별: 성질이나 종류에 따라 차이가 남. 또는 성질이나 종류에 따라 갈라놓음

• 분류: 종류에 따라서 가름

• 발현: 속에 있거나 숨은 것이 밖으로 나타나거나 그렇게 나타나게 함. 또는 그런 결과

10 빈칸 넣기

해설 ㉠ 1문단은 세계 각국의 보안검색활동을, 2문단은 우리나라 보안검색활동의 차이점을 언급하고 있다. 따라서 내용이 전환되는 의미의 접속부사인 '그러나' 혹은 '하지만'이 적절하다.

㉡ 2문단에서 검색체제의 한계에 대해 언급하고, 3문단은 예방할 수 있는 방법과 대안을 제시하고 있으므로 '따라서'가 적절하다.

㉢ 앞서 해결할 수 있는 노력에 대해 언급하고, 이와 화제가 전환되는 내용이 등장하므로 '한편'이 적절하다.

11 내용일치

해설 2문단에서 충청권 광역철도는 기존 대전 도시철도와 환승이 가능함을 알 수 있고, 1문단에서 일반철도의 활용도를 제고하는 효과가 있음을 알 수 있다.

| 오답풀이 |

① 2문단에서 협약에 따라 국가는 광역철도를 건설하고 지자체는 차량소유 및 운영손실금 등을 부담하며 철도공사는 열차를 운행하는 등 기관별 역할을 수행할 예정임을 알 수 있다.

② 4문단에서 대전광역시 트램도시광역본부장은 충청권 광역철도 1단계가 충청권 메가시티 구상 실현을 앞당기고

하나의 광역생활권으로서 지역 상생 및 균형발전의 토대가 될 것으로 기대함을 알 수 있다.

③ 3문단에서 국토교통부 철도국장은 충청권 광역철도가 충청권 광역 경제권·생활권 형성 등 지역 균형발전에 크게 기여할 것으로 기대하고 있음을 알 수 있다.

④ 1문단에서 충청권 광역철도는 일반철도 노선을 개량하기 때문에 새로 노선을 건설하는 신설형 사업에 비해 사업비를 대폭 절감할 수 있음을 알 수 있다.

12 경청능력   정답 | ⑤

해설 ⑤는 경청의 의미를 왜곡되게 파악하는 설명이며, 경청 과정에서 '왜?'라는 질문은 피해야 한다. 먼저 경청은 단순히 '듣는다'는 의미를 넘어, 상대방의 말을 귀로 들으면서 눈으로는 상대방이 표현하고자 하는 모든 신체적, 비언어적 표현을 함께 받아들여 상대방이 전달하는 메시지를 충분히 받아들이겠다는 노력의 과정으로 파악해야 한다. 또한 '왜?'라는 질문은 보통 진술을 가장한 부정적·추궁적·강압적인 표현이므로 사용하지 않는 것이 좋다.

13 자료이해   정답 | ⑤

해설 5개 산업의 부가가치율을 계산해 보면 다음과 같다.

- 출판: $\frac{8,815}{20,766} \times 100 ≒ 42.4(\%)$

- 만화: $\frac{393}{976} \times 100 ≒ 40.3(\%)$

- 음악: $\frac{1,913}{5,308} \times 100 ≒ 36.0(\%)$

- 게임: $\frac{4,848}{10,895} \times 100 ≒ 44.5(\%)$

- 영화: $\frac{1,780}{5,256} \times 100 ≒ 33.9(\%)$

따라서 5개 산업 중 부가가치율이 두 번째로 높은 산업은 출판 산업이고, 출판 산업의 부가가치율은 약 42.4%로 43% 미만이다.

| 오답풀이 |

① 5개 산업 중 부가가치율이 가장 높은 산업은 약 44.5%의 게임 산업이다.

② 출판 산업의 부가가치율은 약 42.4%, 영화 산업의 부가가치율은 약 33.9%이다. 따라서 출판 산업의 부가가치율은 영화 산업의 부가가치율보다 높다.

③ 게임 산업의 부가가치율은 약 44.5%, 만화 산업의 부가가치율은 약 40.3%이다. 따라서 두 산업의 부가가치율의

차는 44.5-40.3=4.2(%p)로 4%p 이상이다.

④ 5개 산업 중 부가가치율이 두 번째로 낮은 산업은 약 36.0%의 음악 산업이다.

14 자료이해   정답 | ③

해설 '세대당 승용차 보유대수$=\frac{승용차\ 등록대수}{세대수}$'이므로, '승용차 등록대수=세대수×세대당 승용차 보유대수'이다. 2017~2020년 동안 세대당 승용차 보유대수는 증가하였고, 전년 대비 세대수 증가율은 양수이므로 세대수도 증가하였다. 따라서 승용차 등록대수는 2017~2020년 동안 매년 증가하였다.

| 오답풀이 |

① 2019년의 전년 대비 인구 증가율은 음수(-), 전년 대비 세대수 증가율은 양수(+)이므로, 2019년 인구는 전년 대비 감소하였고, 세대수는 전년 대비 증가하였다.

② 2020년의 전년 대비 인구 증가율은 음수(-), 전년 대비 세대수 증가율은 양수(+)이므로, 2020년 인구는 전년 대비 감소하였고, 세대수는 전년 대비 증가하였다.

④ 2019년의 세대수는 1,056,627÷1.0246≒1,031,258(세대)이므로, 2019년의 승용차 등록대수는 1,031,258×0.96≒990,008(대)이다. 따라서 2019년 승용차 등록대수는 2020년 승용차 등록대수보다 적다.

(③의 해설에 따라 계산 없이도 옳지 않은 선택지임을 알 수 있다.)

⑤ 2019년의 세대수는 1,031,258세대이고, 승용차 등록대수는 990,008대이므로 2020년의 전년 대비 세대수 증가량은 1,056,627-1,031,258=25,369(세대), 승용차 등록대수 증가량은 1,027,075-990,008=37,067(대)로 두 증가량은 같지 않다.

15 자료이해   정답 | ③

해설 ⓛ [그래프2]에서 전국적으로 5.5~11.5℃(평년 약 3.3~10.3℃) 내외의 분포를 보이며 평년보다 높았음을 알 수 있다.

ⓒ [그래프2]에서 제주도(11.5℃), 경남(9.4℃), 전남(8.9℃) 등 전국 모든 지역의 평균기온이 평년보다 높았음을 알 수 있다.

| 오답풀이 |

ⓐ [그래프1]에서 2021년 3월 기온 분포와 평균기온은 2022년 3월보다 높았음을 알 수 있다.

ⓔ [그래프3]에서 제주도의 강수량(115.6mm)은 평년

(88.9~133.6mm)과 비슷했음을 알 수 있다.

16 자료이해
정답 | ①

해설 연령대 중 1월에 응급실을 이용한 인원이 14,000명을 초과하는 연령대만 구체적인 수치를 계산해 보면 다음과 같다.
- 1~9세: $8,237+6,068=14,305$(명)
- 20~29세: $5,898+8,628=14,526$(명)
- 50~59세: $7,719+7,782=15,501$(명)
- 60~69세: $7,852+7,226=15,078$(명)

따라서 1월 중 응급실을 가장 많이 이용한 연령대는 50대이다.

| 오답풀이 |

② 2021년 상반기에 응급실을 가장 많이 이용한 연령대는 1~9세로, $55,650+42,528=98,178$(명)이 응급실을 이용하였다. 50대는 $45,634+46,347=91,981$(명)이 응급실을 이용하였다.

③ 2021년 50대의 응급실 이용자 수는 1월에 $7,719+7,782$ $=15,501$(명), 2월에 $7,356+7,601=14,957$(명)이다. 따라서 $\frac{15,501-14,957}{15,501}\times100≒3.5(\%)$ 감소하였다.

④ 2021년 상반기 20대의 응급실 이용자 수는 $35,400+$ $50,764=86,164$(명)이다. 따라서 4월 이용자가 차지하는 비율은 $\frac{5,887+8,532}{86,164}\times100≒16.7(\%)$이므로 16% 이상이다.

⑤ 2021년 1월 30대 남자의 응급실 이용자 수는 6,017명이고, 6월 30대 남자의 응급실 이용자 수는 6,049명이다. 6월 이용자 수가 더 많으므로 계산해보지 않아도 그 비율 또한 6월 이용자가 높다는 것을 알 수 있다.

17 자료이해
정답 | ①

해설 [그래프1]에 따르면, 2018년 맞춤대출서비스 이용자 수는 23,476으로 24,000명 미만이다.

| 오답풀이 |

② [그래프2]에 따르면, 2018년 맞춤대출서비스 지원금액은 4,878억 원으로 5,400억 원 미만이다.

③ 서민금융진흥원에서 제공하는 맞춤대출의 비대면 서비스 비중은 2019년 73.8%로 전년 대비 10.3%p 증가하였으므로 2018년에는 $73.8-10.3=63.5(\%)$였다. 즉, 65% 미만이다.

④ 서민금융진흥원의 맞춤대출 비대면 서비스에서 개인정보 제공 동의 시간의 감소율은 $\frac{90-10}{90}\times100≒88.9(\%)$이

므로 90% 미만이다.

⑤ 서민금융진흥원은 맞춤대출서비스를 통해 가장 낮은 금리의 상품을 추천한다. 이때, 모집인 등보다 최대 1.5%p까지 금리를 인하해주는 것이지, 평균금리인 11.7%보다 1.5%p 낮은 금리의 상품을 추천하는 것이 아니다.

18 자료계산
정답 | ④

해설 2018년 맞춤대출서비스 이용자 수는 23,476명이고, 지원금액은 4,878억 원이다. 따라서 2020년과 비교하면 2년 전 대비 이용자 수는 $107,181-$ $23,476=83,705$(명) 증가한 것이고, 지원금액은 $10,418-4,878=5,540$(억 원) 증가한 것이다.

19 자료계산
정답 | ④

해설 주어진 [그래프]의 수치에 [표]의 가중치를 적용하여 업체별 종합점수를 구하면 다음과 같다.

(단위: 점)

구분	성능	내구성	불량률	가격	종합점수
업체 A	$60\times0.4=24$	$30\times0.2=6$	$70\times0.3=21$	$60\times0.1=6$	57
업체 B	$80\times0.4=32$	$50\times0.2=10$	$50\times0.3=15$	$50\times0.1=5$	62
업체 C	$60\times0.4=24$	$70\times0.2=14$	$80\times0.3=24$	$20\times0.1=2$	64
업체 D	$70\times0.4=28$	$90\times0.2=18$	$60\times0.3=18$	$40\times0.1=4$	68
업체 E	$50\times0.4=20$	$80\times0.2=16$	$90\times0.3=27$	$30\times0.1=3$	66

따라서 종합점수가 가장 높은 업체 D를 선택할 것이다.

20 자료이해
정답 | ③

해설 ⓒ 2014년에는 사망자 수와 부상자 수가 각각 31명, 295명으로 총 $31+295=326$(명)의 인명 피해가 발생하였다.

ⓒ 2010년부터 2013년까지는 전체 인명 피해자 중 사망자가 차지하는 비율이 매년 10% 이상이었으나, 2014년에는 $\frac{31}{31+295}\times100≒9.5(\%)$로 10% 미만이었다.

| 오답풀이 |

㉠ 2013년 대비 2014년에 총화재 건수는 40,932건에서 42,135건으로 증가하였으나, 전기 화재 건수는 8,889건에서 8,287건으로 $8,889-8,287=602$(건) 감소하였다.

ⓔ 인구 백만 명당 감전 사망자 수는 우리나라가 0.75명 (2014년), 호주, 일본, 영국이 각각 1.14명(2010년), 0.12명(2014년), 0.03명(2014년)으로 호주보다 적지만 일본, 영국보다는 많다.

21 자료이해

정답 | ②

해설 2019년 LP가스사고에서 부탄 LP가스사고가 차지하는 비중은 $\frac{6}{47+6} \times 100 ≒ 11.3(\%)$이다.

| 오답풀이 |

① 2018년 LP가스사고와 고압가스사고는 총 43+3+10+7+5+1+1=70(건)이다.

③ 프로판 LP가스사고의 2018~2021년 연평균 건수는 $\frac{43+47+39+31}{4} = 40$(건)이다.

④ 수소 고압가스사고와 탄산가스 고압가스사고의 건수는 2019년에 1건, 2021년에 1건으로 2개 연도에서 같다.

⑤ 연도별 고압가스사고 건수는 다음과 같다.
- 2018년: 10+7+5+1+1=24(건)
- 2019년: 3+2+2+1+1=9(건)
- 2020년: 3+3+3+1+0=10(건)
- 2021년: 3+2+2+1+1=9(건)

따라서 2018~2021년 동안 매년 프로판 LP가스사고 건수는 고압가스사고 건수보다 많다.

22 자료변환

정답 | ③

해설 ㉠ 연도별 전년 대비 전체 흡연자 수의 증감을 계산해 보면 다음과 같다.
- 2017년: 12,208−12,314=−106(백 명)
- 2018년: 13,290−12,208=1,082(백 명)
- 2019년: 13,304−13,290=14(백 명)
- 2020년: 14,051−13,304=747(백 명)
- 2021년: 14,232−14,051=181(백 명)

따라서 바르게 작성한 그래프이다.

㉣ 연도별 30~40대 흡연자 수를 계산해 보면 다음과 같다.
- 2016년: 12,314−(1,918+2,205+1,251) =6,940(백 명)
- 2017년: 12,208−(2,015+2,141+1,203) =6,849(백 명)
- 2018년: 13,290−(2,003+1,965+1,346) =7,976(백 명)
- 2019년: 13,304−(1,957+2,259+1,320)

=7,768(백 명)
- 2020년: 14,051−(2,108+2,350+1,298) =8,295(백 명)
- 2021년: 14,232−(2,015+2,103+1,467) =8,647(백 명)

따라서 바르게 작성한 그래프이다.

| 오답풀이 |

㉡ 2019년 30~40대 흡연자 수는 7,768백 명이므로 연령대별 비율은 다음과 같다.
- 20대: $\frac{1,957}{13,304} \times 100 ≒ 14.7(\%)$
- 30~40대: $\frac{7,768}{13,304} \times 100 ≒ 58.4(\%)$
- 50대: $\frac{2,259}{13,304} \times 100 ≒ 17.0(\%)$
- 60대 이상: $\frac{1,320}{13,304} \times 100 ≒ 9.9(\%)$

따라서 30~40대의 수치가 옳지 않다.

㉢ 2021년을 제외한 모든 연도의 수치가 옳지 않다.

| 풀이 TIP |

실제 시험에서 문제를 해결할 때, [해설]에서 제시하는 바와 같이 일일이 모든 항목을 계산하여 답을 찾기는 어려울 수 있다. 따라서 눈으로 확인할 수 있는 것을 먼저 찾는 것도 하나의 방법이다. 예를 들어 ㉡의 원그래프에 제시된 수치를 모두 더하면 14.7+56.4+17.0+9.9=98(%)이다. 즉, 100%가 되지 않으므로 옳지 않은 그래프임을 쉽게 알 수 있다.

23 조건추리

정답 | ②

해설 가은, 나은, 다은, 라은이는 각각 2개의 놀이기구를 탔고, 3명 이상이 탄 놀이기구는 없으므로 각 놀이기구는 2명씩 탔다. 나은이는 롤러코스터를 탔고, 나은이는 회전목마를 탔으며, 가은이는 롤러코스터와 회전목마를 타지 않았으므로 이를 정리하면 다음과 같다.

구분	가은	나은	다은	라은
바이킹	○			
롤러코스터	×	○		
범퍼카	○			
회전목마	×		○	

이때 가은이와 다은이가 탄 놀이기구는 1개만 같으므로 겹친 놀이기구가 바이킹인 경우와 범퍼카인 경우로 나눌 수 있다.

ⅰ) 가은이와 다은이가 바이킹을 탄 경우

구분	가은	나은	다은	라은
바이킹	○	×	○	×
롤러코스터	×	○	×	○
범퍼카	○	○/×	×	×/○
회전목마	×	×/○	○	○/×

ⅱ) 가은이와 다은이가 범퍼카를 탄 경우

구분	가은	나은	다은	라은
바이킹	○	○/×	×	×/○
롤러코스터	×	○	×	○
범퍼카	○	×	○	×
회전목마	×	×/○	○	○/×

따라서 모든 경우에서 라은이는 롤러코스터를 탔다.

| 오답풀이 |

① 가능한 경우의 수는 4가지이다.
③ 나은이는 회전목마를 탔을 수도 있다.
④ 다은이는 바이킹을 타지 않았을 수도 있다.
⑤ 나은이와 라은이가 탄 놀이기구는 롤러코스터 1개만 같다.

24 조건추리 정답 | ①

해설 ㉡을 통해 B카페와 C카페 중 하나가 맨 끝에 위치하고 다른 하나는 반대쪽의 끝에서 두 번째에 위치한다는 것을 알 수 있다.
㉣을 통해 왼쪽에서 두 번째에 B카페나 C카페가 위치할 수 없다는 것을 알 수 있으므로 이 두 카페는 맨 왼쪽과 오른쪽 끝에서 두 번째에 나누어 위치해야 한다.
㉤을 통해 맨 왼쪽은 B카페가 아닌 C카페가 위치함을 알 수 있다. 동시에, 오른쪽 끝에는 D카페, 그 옆은 B카페가 위치함을 알 수 있다.
㉢을 통해 E카페는 왼쪽에서 세 번째에 위치함을 알 수 있다.
이를 종합하면 왼쪽에서부터 C−F−E−A−B−D의 순으로 위치해 있음을 알 수 있다. 따라서 왼쪽에서 네 번째에 위치한 카페는 A카페이다.

25 명제추리 정답 | ③

해설 첫 번째 명제의 대우명제인 '흥미롭지 않은

영화는 액션 영화가 아니다'와 두 번째 명제를 연결하면 '흥미롭지 않은 영화는 모두 외국영화이다'의 결론을 얻을 수 있다.

26 명제추리 정답 | ②

해설 주어진 명제들과 같이 여러 개의 대등한 구조의 명제가 병렬식으로 나열되어 있을 경우, 주어진 명제들과 대우명제들과의 삼단 논법을 통한 연결 고리를 빠르게 찾아내야 한다. 이를 위해 명제들을 도식화하여 대우명제를 정리하면 다음과 같다.
㉠ 미국 → 영국
  (대우) ~영국 → ~미국
㉡ 미국 → 독일
  (대우) ~독일 → ~미국
㉢ 프랑스 → 독일
  (대우) ~독일 → ~프랑스
㉣ 호주 → 영국
  (대우) ~영국 → ~호주
㉤ ~프랑스 → ~영국
  (대우) 영국 → 프랑스
따라서 ②의 명제는 미국과 호주의 상호 연결 고리를 찾을 수 없으므로 반드시 참이라고 할 수 없다.

| 오답풀이 |

① ㉠과 ㉣의 대우명제를 통하여 참이라는 것을 알 수 있다.
③ ㉤과 ㉣의 대우명제를 통하여 참이라는 것을 알 수 있다.
④ ㉢의 대우명제와 ㉤을 통하여 참이라는 것을 알 수 있다.
⑤ ㉡의 대우명제를 통하여 참이라는 것을 알 수 있다.

27 문제해결 정답 | ④

해설 연번 6은 시행령 제18조의8 제1항 제8호에 해당하므로, 이를 위반하였을 경우 [표]의 나목에 따라 과태료 10만 원이 부과된다.

| 오답풀이 |

① 연번 1은 법 제11조의2 제8항에 해당하므로, 이를 위반하였을 경우 [표]의 가목에 따라 과태료 10만 원이 부과된다.
② 연번 2는 법 제11조의2 제7항에 해당하므로, 이를 위반하였을 경우 [표]의 가목에 따라 과태료 10만 원이 부과된다.
③ 연번 4는 시행령 제18조의8 제1항 제6호에 해당하므로, 이를 위반하였을 경우 [표]의 나목에 따라 과태료 10만 원이 부과된다.

⑤ 연번 8은 시행령 제18조의8 제1항 제5호에 해당하므로, 이를 위반하였을 경우 [표]의 다목에 따라 과태료 20만 원이 부과된다.

| 풀이 TIP |

[표]에 따르면 과태료 20만 원이 부과되는 항목은 시행령 제18조의8 제1항 제4호 또는 제5호에 따른 충전 방해행위를 한 경우 두 가지이다. 그런데 안내문에는 20만 원이 세 가지로 나와 있으므로 셋 중 하나가 잘못되었을 가능성이 높다고 추측할 수 있다.

28 문제해결　　　　　　　정답 | ③

해설　당좌수표의 경우 금액에 관계없이 한국은행총재 또는 관할 세관장의 허가가 필요하다.

| 오답풀이 |

① 미화 1만 불 이상인 경우에 신고를 해야 하므로, 미화 5천 불에 해당하는 현금을 여행경비로 가져가는 경우 신고가 필요하지 않다.
② 일반여행자가 미화 1만 불 이상의 자기앞수표를 여행경비로 가져가는 경우 관할세관장에게 신고해야 한다.
④ 카지노 수입의 경우 증명서가 필요하다.
⑤ 물품대급이 목적인 경우에는 세관신고와 별개로 신고, 허가가 필요하다.

| 풀이 TIP |

출국 시 외환신고의 조건은 미화로 얼마인지, 지급수단이 무엇인지, 대상자가 누구인지, 목적이 무엇인지에 따라 나뉜다. 따라서 해당 조건을 모두 확인해야 한다.

29 문제해결　　　　　　　정답 | ④

해설　기내에 들고 탑승하지 못한 짐(기탁화물)은 지정된 컨베이어 벨트에서 찾아야 하며 이때 "세관검사안내표시"가 부착된 수하물이 있는 경우 정밀검사를 받아야 한다.

| 오답풀이 |

① 일시입국하는 여행자가 여행 중 사용하고 재반출할 물품을 세관에 신고하고, 최초 출국 시 이를 세관에 신고하지 않으면 출국은 가능하나 확인서상의 주소로 세금을 부과한다.
② 일시입국하는 여행자가 통관이 불가능한 물품을 소지한 경우 반송 제도를 통해 출국 시 일정한 절차에 의해 물건을 찾아갈 수 있다.
③ 국내 지정 외국인 관광객 면세점에서 물품을 구입한 경우

에만 세금을 돌려받을 수 있다.
⑤ 여행자 휴대품신고서는 기내에서도 작성 가능하나 입국현장에서도 작성할 수 있다.

| 풀이 TIP |

선택지에서 키워드를 찾아 해당 내용만 확인한다. ①은 물품재반출, ②는 통관 불가능한 물품, ③은 면세, ④는 세관검사안내표시, ⑤는 여행자 휴대품신고서라는 키워드를 찾아 확인한다.

30 문제해결　　　　　　　정답 | ③

해설　제17조 제1항 제3호에 따르면, 할당대상 업체가 정당한 사유 없이 시설 가동 예정일이 3개월이 지나도록 시설을 가동하지 않은 경우에 무상으로 할당된 배출권의 전부 또는 일부를 취소할 수 있다고 하였으므로 시설 가동 예정일로부터 3일이 지난 뒤에 시설을 가동하였다고 무상으로 할당된 배출권 일부가 취소되는 것은 아니다.

| 오답풀이 |

① 제13조 제1항에 따르면, 신규 진입업체를 제외한 할당대상 업체는 매 계획 기간이 시작되기 4개월 전까지 배출권 할당신청서를 작성하여 주무관청에 제출해야 한다.
② 제12조 제3항에 따르면, 무상으로 할당하는 배출권의 비율은 국내 산업의 국제경쟁력에 미치는 영향, 기후변화 관련 국제협상 등 국제적 동향, 물가 등 국민경제에 미치는 영향 및 직전 계획 기간에 대한 평가 등을 고려하여 대통령령으로 정한다고 하였다.
④ 제18조에 따르면, 주무관청은 신규 진입자에 대한 배출권 할당을 위해 총배출권의 일정 비율을 배출권 예비분으로 보유해야 한다.
⑤ 제12조 제1항에 따르면, 신규 진입자의 경우 해당 업체가 할당대상 업체로 지정, 고시된 해부터 남은 계획 기간에 대하여 배출권을 할당받는다.

31 문제처리　　　　　　　정답 | ②

해설　박 과장의 3월 알뜰주유카드 사용실적은 105만 원으로 100만 원 이상이므로 알뜰주유소에서 1L당 120원을 할인받고, 일반주유소에서 1L당 60원을 할인받으며, 자동차 보험료를 10% 할인받는다. 이에 따라 박 과장의 4월 알뜰주유카드 사용내역별 할인 금액은 다음과 같다.

구분	사용 내용	사용 금액	할인 금액
A알뜰주유소	22L 주유	43,750	22×120=2,640
B일반주유소	15L 주유	30,650	15×60=900
A알뜰주유소	18L 주유	35,800	18×120=2,160
B일반주유소	10L 주유	20,450	10×60=600
C보험회사	자동차 보험료	98,700	98,700×0.1=9,870

따라서 박 과장이 4월에 할인받는 금액은 2,640+900+2,160+600+9,870=16,170(원)이다.

| 풀이 TIP |

알뜰주유소와 일반주유소에서 사용한 금액은 1L당 할인되므로 한 번에 계산한다. A알뜰주유소에서 주유한 양은 22+18=40(L)이고, B일반주유소에서 주유한 양은 15+10=25(L)이므로 A알뜰주유소에서 할인받는 금액은 40×120=4,800(원)이고, B일반주유소에서 할인받는 금액은 25×60=1,500(원)임을 알 수 있다.

32 문제처리　　　　　　정답 | ②

해설　구입 인원수가 20명 이상인 여행 상품만 실제 여행 상품의 판매가 진행되었고, 구입 인원수가 50명 이상인 여행 상품은 1인당 상품 금액에 할인율 5%를 적용하였으므로 국내 크루즈 여행 상품은 판매가 진행되지 않았고, 강원도 스키 여행은 5% 할인이 적용되었다. 이에 따라 L여행사의 여행 상품별 판매 금액은 다음과 같다.

구분	판매 금액
남도 투어 여행	986,000×46=45,356,000(원)
럭셔리 제주도 여행	958,000×43=41,194,000(원)
강원도 스키 여행	595,000×75×0.95=42,393,750(원)

따라서 L여행사가 직전 분기 판매한 여행 상품의 총 판매 금액은 45,356,000+41,194,000+42,393,750=128,943,750(원)이다.

33 문제처리　　　　　　정답 | ②

해설　[표]에 따르면 오백원화의 질량은 7.70g이고, 오십원화의 질량은 4.16g이며, 오백원화의 소재는 백동으로 구리가 75% 함유되어 있고, 오십원화의 소재는 양백으로 구리가 70% 함유되어 있다. 이에 따라 오백원화에 포함된 구리 질량은 7.70×0.75=

5.775(g)이고, 오십원화에 포함된 구리 질량은 4.16×0.7=2.912(g)이다.

따라서 오백원화에 포함된 구리 질량과 오십원화에 포함된 구리 질량의 차는 5.775−2.912=2.863(g)이다.

34 문제처리　　　　　　정답 | ②

해설　외과 질환으로 K병원에서 진료를 받은 뒤 입원을 하게 된 진수가 일반 2인실로 입원해 지불해야 하는 입원 병실 비용은 1일당 189,730원이고, 간호 서비스가 제공되는 통합서비스 병동 5인실로 입원해 지불해야 하는 입원 병실 비용은 1일당 205,450이다. 진수는 일반 2인실에서 2일, 간호 서비스가 제공되는 통합서비스 병동 5인실에서 3일 입원하였으므로 지불해야 하는 입원 병실 비용은 총 (189,730×2)+(205,450×3)=995,810(원)이다.

35 문제해결　　　　　　정답 | ②

해설　'4. 진위감정 과정'에 따르면, 위조지폐의 1차 감정은 은행이나 경찰서에서 진행되며, 이후 위조방지센터에 정밀감정을 의뢰한다.

| 오답풀이 |

① '3. 위조지폐 발견 시 처리절차'에 따르면, 위조지폐 발견 시 한국은행 지점을 포함한 은행에 신고할 수 있다.
③ '1. 위변조의 개념'에 따르면, '어떤 물건을 남을 속일 목적으로 진짜와 비슷하게 만드는 것'은 위조의 일반적 정의이다.
④ '2. 위변조 행위에 대한 처벌 규정'에 따르면, 인지·우표를 행사할 목적으로 위변조한 경우 10년 이하의 징역에 처한다.
⑤ '1. 위변조의 개념'에 따르면, '인쇄, 복사 등 통화 발행권이 없는 자가 통화의 외관을 가진 물건을 만드는 것'은 위조에 해당한다.

36 문제해결　　　　　　정답 | ⑤

해설　보건의료인 신체검사의 검사항목에는 신체계측이 포함되지 않는다.

| 오답풀이 |

① 모든 신체검사의 소요시간은 약 1시간으로 동일하다.
② 회화지도 E2를 위한 신체검사를 하기 위해서는 반명함사진이 추가로 1장 더 필요하므로 총 3장 필요하다.

③ 보건의료인 신체검사의 결과통보는 검사일과 공휴일을 제외하고 7일 이후에 결과를 방문 수령할 수 있다.

④ 공무원 및 공기업, 일반기업 입사 시 요구되는 신체검사서는 직장인 신체검사로, 일반기업 비용은 30,000원이다.

37 이동거리/경로   정답 | ③

해설 가능한 이동경로로는 회사－A－E－B－D－C－회사(회사－C－D－B－E－A－회사), 회사－B－E－A－D－C－회사(회사－C－D－A－E－B－회사), 회사－C－D－A－B－E－회사(회사－E－B－A－D－C－회사), 회사－C－D－B－A－E－회사(회사－E－A－B－D－C－회사)가 있다.

- 회사－A－E－B－D－C－회사(회사－C－D－B－E－A－회사)의 경우
  평균시속 60km로 이동하는 경로는 회사－A, B－D－C로 8＋8＋10＝26(km)이고, 소요시간은 26(km)÷60(km/h)×60(분/h)＝26(분)이다. 평균시속 25km로 이동하는 경로는 A－E－B, C－회사로 15＋9＋14＝38(km)이고, 소요시간은 38(km)÷25(km/h)×60(분/h)＝91.2(분)이다. 따라서 총소요시간은 26＋91.2＝117.2(분)이다.

- 회사－B－E－A－D－C－회사(회사－C－D－A－E－B－회사)의 경우
  평균시속 60km로 이동하는 경로는 회사－B, A－D－C로 10＋18＋10＝38(km)이고, 소요시간은 38(km)÷60(km/h)×60(분/h)＝38(분)이다. 평균시속 25km로 이동하는 경로는 B－E－A, C－회사로 9＋15＋14＝38(km)이고, 소요시간은 38(km)÷25(km/h)×60(분/h)＝91.2(분)이다. 따라서 총소요시간은 38＋91.2＝129.2(분)이다.

- 회사－C－D－A－B－E－회사(회사－E－B－A－D－C－회사)의 경우
  평균시속 60km로 이동하는 경로는 C－D－A, E－회사로 10＋18＋20＝48(km)이고, 소요시간은 48(km)÷60(km/h)×60(분/h)＝48(분)이다. 평균시속 25km로 이동하는 경로는 회사－C, A－B－E로 14＋7＋9＝30(km)이고, 소요시간은 30(km)÷25(km/h)×60(분/h)＝72(분)이다. 따라서 총소요시간은 48＋72＝120(분)이다.

- 회사－C－D－B－A－E－회사(회사－E－A－B－D－C－회사)의 경우
  평균시속 60km로 이동하는 경로는 C－D－B, E－회사로 10＋8＋20＝38(km)이고, 소요시간은 38(km)÷60(km/h)×60(분/h)＝38(분)이다. 평균시속 25km로 이동하는 경로는 회사－C, B－A－E로 14＋7＋15＝36(km)이고, 소요시간은 36(km)÷25(km/h)×60(분/h)＝86.4(분)이다. 따라서 총소요시간은 38＋86.4＝124.4(분)이다.

총소요시간이 가장 적은 경우는 회사－A－E－B－D－C－회사(회사－C－D－B－E－A－회사)로 117.2분이고, 각 지점에서 20분간 머무르므로 총 20×5＝100(분)을 머무른다. 따라서 회사에서 출발한 지 117.2＋100＝217.2(분), 즉 약 3시간 37분 뒤에 돌아오므로 오후 12시 37분에 회사로 돌아온다.

38 예산관리   정답 | ①

해설 팀별 총지출 비용을 구하면 다음과 같다.
- 홍보팀: 30÷0.55≒54.5(만 원)
- 기술팀: 45÷0.35≒128.6(만 원)
- 인사팀: 40÷0.4＝100(만 원)
- 기획팀: 55÷0.4＝137.5(만 원)

제시된 지출 비용 항목 중 직접비는 출장비뿐이므로 나머지는 모두 간접비이다. 따라서 간접비의 지출 총액은 다음과 같이 구할 수 있다.

- 홍보팀: $54.5 \times \frac{10+55+10}{100} ≒ 40.9$(만 원)

- 기술팀: $128.6 \times \frac{20+35+15}{100} ≒ 90$(만 원)

- 인사팀: $100 \times \frac{28+40+12}{100} = 80$(만 원)

- 기획팀: $137.5 \times \frac{39+40+6}{100} ≒ 116.9$(만 원)

따라서 간접비의 지출 총액이 가장 큰 팀부터 순서대로 나열하면 기획팀－기술팀－인사팀－홍보팀이다.

39 물적자원관리   정답 | ④

해설 평가대상 기관 A의 내진성능평가 지수와 내진보강공사 지수는 다음과 같이 산출할 수 있다.
- 내진성능평가 지수＝내진성능평가실적 건수÷내진보강대상 건수×100＝88÷100×100＝88
- 내진보강공사 지수＝내진보강공사실적 건수÷내

진보강대상 건수×100＝87÷100×100＝87
이와 같은 방식으로 5개 기관에 대한 두 수치를 계산하여 정리하면 다음 표와 같다.

구분	A	B	C	D	E
내진성능평가 지수	88	86	91	90	83
내진보강공사 지수	87	96	93	89	95
내진성능평가 점수(점)	3	2	5	4	1
내진보강공사 점수(점)	1	5	3	2	4
합산 점수(점)	4	7	8	6	5
최종 순위	5	2	1	3	4

따라서 최종 순위 최상위 기관은 C, 최하위 기관은 A이다.

40 인적자원관리 정답 | ④

해설 효율적이고 합리적인 인사관리를 하기 위해 필요한 원칙은 다음과 같다.
- 적재적소 배치의 원리: 해당 직무 수행에 가장 적합한 인재를 배치해야 한다.
- 공정 보상의 원칙: 근로자의 인권을 존중하고 공헌도에 따라 대가를 공정하게 지급해야 한다.
- 공정 인사의 원칙: 직무 배당, 승진, 상벌, 근무 성적의 평가, 임금 등을 공정하게 처리해야 한다.
- 종업원 안정의 원칙: 직장에서 신분이 보장되고 계속해서 근무할 수 있다는 믿음을 갖게 하여 근로자가 안정적으로 회사 생활을 할 수 있도록 해야 한다.
- 창의력 계발의 원칙: 근로자가 창의력을 발휘할 수 있도록 새로운 제안, 건의 등의 기회를 마련하고, 적절한 보상으로 인센티브를 제공해야 한다.
- 단결의 원칙: 직장 내에서 구성원들이 소외감을 갖지 않도록 배려하고, 서로 유대감을 가지고 협동, 단결하는 체제를 이루도록 한다.

따라서 ㉠에는 공정 보상의 원칙, ㉡에는 공정 인사의 원칙이 들어가야 한다.

41 물적자원관리 정답 | ⑤

해설 바코드는 정보를 한 방향으로 배열한 1차원 바코드로, 이 경우는 숫자 정보로 제조업체와 상품명 정도만 표시할 수 있어 제한적인 면이 있다. 이에 보다 다양한 정보를 담을 수 있도록 가로, 세로 두 방향으로 정보를 배열한 2차원 바코드가 등장했다. 2차원 바코드 중 대표적인 것이 QR코드로, QR(Quick Response)이라는 용어가 말하고 있듯이 빠른 응답을 얻을 수 있다. QR코드에는 3개의 위치 찾기 심벌이 있어서 거꾸로 촬영해도 정보를 읽을 수 있고 오류 복원 기능도 있다. 또한 QR코드를 개발한 덴소 웨이브가 특허권을 행사하지 않아 누구라도 간편하게 제작하여 사용할 수 있는 것도 장점으로 꼽는다.

따라서 ㉡, ㉣은 바코드, ㉠, ㉢은 QR코드 방식의 특징이다.

42 예산관리 정답 | ⑤

해설 조 상무, 오 팀장, 박 대리 3인의 출장비를 정리하면 다음과 같다.

(단위: 원)

구분	조 상무	오 팀장	박 대리
교통비	820×1,500÷12 +20,000=122,500	58,000×2=116,000 (1등급 왕복)	52,000×2=104,000 (2등급 왕복)
일비	30,000×3=90,000	20,000×3=60,000	20,000×3=60,000
숙박비	(70,000+5,000×0.2) ×2=142,000	(70,000+2,000×0.2) ×2=140,800	65,000×2=130,000
식비	45,000×3=135,000	30,000×3=90,000	30,000×3=90,000
합계	489,500	406,800	384,000

따라서 출장비 총지급액은 489,500＋406,800＋384,000＝1,280,300(원)이다.

43 시간관리 정답 | ④

해설 '울산행 항공편(10:50 출발) → 렌터카'를 이용하였을 때 울산 회의 장소에 가장 빨리 도착할 수 있지만, 이 경우는 선택지에 제시되어 있지 않으므로 주어진 선택지 중 가장 빠른 도착 시간을 골라야 한다. 선택지별 회의 장소 도착 시간을 구하면 다음과 같다.
① 항공편 출발 20분 전에 공항에 도착해야 하는데 제주지사에서 제주공항까지 30분이 소요되므로 10:30에 공항에 도착한 박 대리는 10:40에 출발하는 김해행 항공편을 이용할 수 없다.
② 11:00~11:50 제주에서 김해로 항공 이동, 11:50~12:50 렌터카 이동을 하면 12:50에 회의 장소에 도착한다.

③ 11:10~12:00 제주에서 김해로 항공 이동,
12:00~13:20 택시 이동을 하면 13:20에 회의
장소에 도착한다.

④ 10:50~11:50 제주에서 울산으로 항공 이동,
11:50~12:40 공항버스 이동을 하면 12:40에
회의 장소에 도착한다.

⑤ 11:40~12:40 제주에서 울산으로 항공 이동,
12:40~13:00 택시 이동을 하면 13:00에 회의
장소에 도착한다.

따라서 울산 회의 장소 도착 시간이 가장 빠른 경우
는 ④이다.

44 대인관계능력

정답 | ③

해설 변혁적 유형의 리더는 칭찬을 아끼지 않음으
로 인해 구성원들로 하여금 한 가지 일에 대한 성공
이 미래의 여러 도전을 극복할 수 있는 자극제가 될
수 있다는 것을 깨닫게 한다.

| 오답풀이 |
① 민주주의에 근접한 유형의 리더들이 비록 민주주의적이
긴 하지만 최종 결정권은 리더에게만 있다.
② 리더와 집단 구성원 사이에 명확한 구분이 있는 것이 독
재자 유형과 민주주의에 근접한 유형의 특징이며, 파트너
십 유형의 리더하에서는 그러한 구분이 희미하고, 리더가
조직에서 한 구성원이 되기도 한다.
④ 독재자 유형은 특히 집단이 통제가 없이 방만한 상태에
있을 때 혹은 가시적인 성과물이 보이지 않을 때 사용한
다면 효과적일 수 있다.
⑤ 파트너십 유형의 리더는 자신이 조직 구성원들 중 한 명
일 뿐이며, 리더는 다른 조직 구성원들보다 경험이 더 풍
부하겠지만 다른 구성원들보다 더 비중 있게 대우받아서
는 안 된다고 여긴다. 변혁적 유형의 리더는 개개인과 팀
이 유지해 온 이제까지의 업무수행 상태를 뛰어넘고자 비
전을 제시하고 그것을 구성원들에게 전달할 수 있는 능력
을 갖추고 있다.

45 정보능력

정답 | ⑤

해설 2019년 8월에 출간되었으므로 생산 연월 코
드는 1908이며, 경상 지역의 원일 출판사에서 출간
된 도서이므로 출간지 코드는 4J이다. 스포츠 분야 자
전거 관련 도서이므로 입고품 코드는 04012이며,
25번째 입고도서이므로 입고 수량 코드는 00025이다.
따라서 해당 도서의 재고물품 코드는 1908 – 4J –

04012 – 00025이다.

46 정보능력

정답 | ④

해설 '여성' 분야 도서 담당자는 코드 체계의 알파
벳 다음에 오는 숫자가 02여야 한다. 따라서 알파벳
다음에 02003, 02004, 02005, 02006의 코드 번호
를 가진 담당자가 모두 해당된다.
따라서 윤 대리는 알파벳 다음에 오는 숫자가
03009이므로 새로운 도서 관리 규정을 안내받을 담
당자가 아니다.

47 기술능력

정답 | ③

해설 기술혁신은 기업의 기존 조직 운영 절차나 제
품구성, 생산방식, 나아가 조직의 권력구조 자체에
도 새로운 변화를 야기할 수 있으며, 혁신 과정의
불확실성과 모호함은 기업 내에서 많은 논쟁과 갈등
을 유발할 수 있다는 특성이 있다. 주어진 사례는
무인 탑승수속 시행이라는 기술혁신 과정에서 B항
공사 기존 근로자들의 반발이라는 갈등 상황이 발생
할 수 있다고 하였으므로 ③과 같은 특성을 보여 주
는 사례로 볼 수 있다.

48 조직이해능력

정답 | ③

해설 D사의 조직 구조는 사업별 조직구조에서 기
능적 조직구조로 바뀔 것으로 볼 수 있다.
조직의 환경이 안정적이거나 일상적인 기술과 조직
의 내부 효율성을 중요시하며 기업의 규모가 작을
경우에는, 업무의 내용이 유사하고 관련성이 있는
것들을 결합해서 변경 후와 같은 기능적 조직구조
형태를 갖는 것이 일반적이다. 반면, 급변하는 환경
변화에 효과적으로 대응하고 제품, 지역, 고객별 차
이에 신속하게 적응하기 위해서는 변경 전과 같이
분권화된 의사결정이 가능한 사업별 조직구조 형태
를 가질 필요가 있다. 사업별 조직구조는 개별 제
품, 서비스, 제품그룹, 주요 프로젝트나 프로그램
등에 따라 조직화된다. 즉, 제품에 따라 조직이 구
성되고 각 사업별 구조 아래 생산, 판매, 회계 등의
역할이 이루어지게 되는 것이다.
따라서 각 아이템별로 나뉘어 각 사업을 지원하는
지원조직이 여러 개 존재하던 것은 변경 전의 조직
구조에 더 어울린다고 할 수 있다.

49 직업윤리　　　　　　　　　　　정답 | ④

해설 직업이 갖고 있는 속성으로는 계속성, 경제성, 윤리성, 사회성, 자발성 등을 들 수 있다.

계속 행해지며, 현재 하고 있는 일을 계속할 의지와 가능성이 있어야 한다는 것은 계속성, 경제적 거래 관계가 성립되는 활동이어야 한다는 것은 경제성, 비윤리적인 영리 행위나 반사회적인 활동을 통한 경제적 이윤추구는 직업 활동으로 인정되지 않는다는 것은 윤리성, 사회 공동체적 맥락에서 의미 있는 활동이어야 한다는 것은 사회성, 자발적으로 행하는 일이어야 한다는 것은 자발성을 의미한다.

성장성은 맡은 일이나 조직의 규모 등이 계속 성장하고 발전되어야 한다는 의미이므로 직업을 개념 짓는 속성으로는 적절하지 않다.

50 직업윤리　　　　　　　　　　　정답 | ①

해설 모든 사람은 다양한 직업 환경에서 직업의 성격에 따라 각각 다른 직업윤리를 가지지만 모든 직업에 공통으로 요구되는 윤리원칙이 존재하며 이는 다음과 같이 정리할 수 있다.

- 객관성의 원칙: 업무의 공공성을 바탕으로 공사 구분을 명확히 하고, 모든 것을 숨김없이 투명하게 처리하는 원칙
- 고객중심의 원칙: 고객에 대한 봉사를 최우선으로 생각하고 현장중심과 실천중심으로 일하는 원칙
- 전문성의 원칙: 자기업무에 전문가로서의 능력과 의식을 가지고 책임을 다하며, 능력을 연마하는 원칙
- 정직과 신용의 원칙: 업무와 관련된 모든 것을 숨김없이 정직하게 수행하고, 본분과 약속을 지켜 신뢰를 유지하는 원칙
- 공정경쟁의 원칙: 법규를 준수하고, 경쟁원리에 따라 공정하게 행동하는 원칙

[보기]에서는 직업 환경에서 투명성, 공평성, 공정성을 지켜야 함을 강조하고 있으므로 가장 강조하고 있는 윤리원칙은 객관성의 원칙이다.

MEMO

월간NCS 실전모의고사

01	①	②	③	④	⑤
02	①	②	③	④	⑤
03	①	②	③	④	⑤
04	①	②	③	④	⑤
05	①	②	③	④	⑤
06	①	②	③	④	⑤
07	①	②	③	④	⑤
08	①	②	③	④	⑤
09	①	②	③	④	⑤
10	①	②	③	④	⑤
11	①	②	③	④	⑤
12	①	②	③	④	⑤
13	①	②	③	④	⑤
14	①	②	③	④	⑤
15	①	②	③	④	⑤
16	①	②	③	④	⑤
17	①	②	③	④	⑤
18	①	②	③	④	⑤
19	①	②	③	④	⑤
20	①	②	③	④	⑤
21	①	②	③	④	⑤
22	①	②	③	④	⑤
23	①	②	③	④	⑤
24	①	②	③	④	⑤
25	①	②	③	④	⑤
26	①	②	③	④	⑤
27	①	②	③	④	⑤
28	①	②	③	④	⑤
29	①	②	③	④	⑤
30	①	②	③	④	⑤
31	①	②	③	④	⑤
32	①	②	③	④	⑤
33	①	②	③	④	⑤
34	①	②	③	④	⑤
35	①	②	③	④	⑤
36	①	②	③	④	⑤
37	①	②	③	④	⑤
38	①	②	③	④	⑤
39	①	②	③	④	⑤
40	①	②	③	④	⑤
41	①	②	③	④	⑤
42	①	②	③	④	⑤
43	①	②	③	④	⑤
44	①	②	③	④	⑤
45	①	②	③	④	⑤
46	①	②	③	④	⑤
47	①	②	③	④	⑤
48	①	②	③	④	⑤
49	①	②	③	④	⑤
50	①	②	③	④	⑤

eduwill

취업에 강한 에듀윌 시사상식
90개월 베스트셀러 1위[*]

2020·2021
2년 연속 우수콘텐츠잡지 선정!

 우수콘텐츠잡지
2021

- 월별 Cover Story
- 정치·경제·사회 등 분야별 최신상식
- 취업트렌드 & 꿀팁을 알려주는 생생 취업정보
- 최신 논술 분석! ISSUE & 논술·찬반
- 매달 업데이트! 최신 시사상식 무료특강

하루아침에 완성되지 않는 취업상식,
#정기구독 으로 완성하세요!

정기구독 신청 시 정가 대비
10% 할인+배송비 무료

정기구독 신청 시
특별 혜택

6개월/12개월/무기한
기간 설정 가능

※ 구독 중 정가가 올라도 추가 부담없이 이용할 수 있습니다.
※ '매월 자동 결제'는 매달 20일 카카오페이로 자동 결제되며, 구독 기간을 원하는 만큼 선택할 수 있습니다.
※ 자세한 내용은 정기구독 페이지를 참조하세요.
* 알라딘 수험서/자격증 취업/상식/적성 월간 이슈&상식 베스트셀러1위 (2012년 5월~7월, 9월~11월, 2013년 1월, 4월~5월, 11월, 2014년 1월, 3월~11월, 2015년 1월, 3월~4월, 10월, 12월, 2016년 2월, 7월~12월, 2017년 8월~2022년 5월 월간 베스트)

정기구독
신청·혜택 바로가기

베스트셀러 1위! 2,014회 달성* 에듀윌 취업 교재 시리즈

공기업 NCS | 쏟아지는 100% 새 문항*

월간NCS
NCS BASIC 기본서 | NCS 모듈형 기본서
NCS 모듈학습 2021 Ver. 핵심요약집

1위 22. 3월 2주

NCS 통합 기본서/봉투모의고사
피듈형 | 행과연형 | 휴노형 봉투모의고사
PSAT형 NCS 수문끝
매일 1회씩 꺼내 푸는 NCS

1위 22. 4월

한국철도공사 | 부산교통공사
서울교통공사 | 5대 철도공사·공단
국민건강보험공단 | 한국전력공사
8대 에너지공기업

1위 22. 2월 4주

한수원+5대 발전회사
한국수자원공사 | 한국수력원자력
한국토지주택공사 | IBK 기업은행
인천국제공항공사

1위 22. 1월 4주

NCS를 위한 PSAT 기출완성 시리즈
NCS, 59초의 기술 시리즈
NCS 6대 출제사 | 10개 영역 찐기출
공기업 전기직 기출로 끝장

대기업 인적성 | 온라인 시험도 완벽 대비!

1위 22. 6월

대기업 인적성 통합 기본서

1위 20. 11월

GSAT 삼성직무적성검사

1위 22. 5월

LG그룹 온라인 인적성검사

1위 22. 5월

SKCT SK그룹 종합역량검사
롯데그룹 L-TAB

1위 21. 3월

농협은행
지역농협

취업상식 1위!

1위 20. 2월

월간 시사상식

1위 20. 1월

多통하는 일반상식
일반상식 핵심기출 300제

1위 21. 1월

공기업기출 일반상식
언론사기출 최신 일반상식
기출 금융경제 상식

자소서부터 면접까지!

NCS 자소서&면접
실제 면접관이 말하는 NCS 자소서와
면접_인문·상경계/이공계

1위 22. 1월 3주

끝까지 살아남는 대기업 자소서

* 온라인4대 서점(YES24, 교보문고, 알라딘, 인터파크) 일간/주간/월간 13개 베스트셀러 합산 기준 (2016.01.01~2022.05.11, 공기업 NCS/직무적성/일반상식/시사상식 교재)
* 에듀윌 취업 공기업 NCS 통합 봉투모의고사, 코레일 봉투모의고사, 서울교통공사 봉투모의고사 교재 해당 (2021~2022년 출간 교재 기준)
* YES24 국내도서 해당 분야 월별, 주별 베스트 기준

더 많은
에듀윌 취업 교재

취업, 공무원, 자격증 시험준비의 흐름을 바꾼 화제작!
에듀윌 히트교재 시리즈

에듀윌 교육출판연구소가 만든 히트교재 시리즈!
YES24, 교보문고, 알라딘, 인터파크, 영풍문고 등 전국 유명 온/오프라인 서점에서 절찬 판매 중!

공인중개사 기초서/기본서/핵심요약집/문제집/기출문제집/실전모의고사 외 12종   주택관리사 기초서/기본서/핵심요약집/문제집/기출문제집/실전모의고사

7·9급공무원 기본서/단원별 기출&예상 문제집/기출문제집/기출팩/실전, 봉투모의고사   공무원 국어 한자·문법·독해/영어 단어·문법·독해/한국사 흐름노트/행정학 요약노트/행정법 판례집/헌법 판례집/면접

7급공무원 PSAT 기본서/기출문제집   계리직공무원 기본서/문제집/기출문제집   군무원 기출문제집/봉투모의고사   경찰공무원 기본서/기출문제집/모의고사/판례집/면접   소방공무원 기본서/기출문제집/실전, 봉투모의고사   맞춤형 화장품 조제관리사

검정고시 고졸/중졸 기본서/기출문제집/실전모의고사/총정리   사회복지사(1급) 기본서/기출문제집/핵심요약집   직업상담사(2급) 기본서/기출문제집   경비 기본서/기출/1차 한권끝장/2차 모의고사   전기기사 필기/실기/기출문제집   전기기능사 필기/실기

한국사능력검정시험 기본서/2주끝장/기출/우선순위50/초등

조리기능사 필기/실기

제과제빵기능사 필기/실기

SMAT 모듈A/B/C

ERP정보관리사 회계/인사/물류/생산(1, 2급)

전산세무회계 기초서/기본서/기출문제집

무역영어 1급 | 국제무역사 1급

KBS한국어능력시험 | ToKL

한국실용글쓰기

매경TEST 기본서/문제집/2주끝장

TESAT 기본서/문제집/기출문제집

운전면허 1종·2종

스포츠지도사 필기/실기구술 한권끝장

산업안전기사 | 산업안전산업기사

위험물산업기사 | 위험물기능사

토익 입문서 | 실전서 | 어휘서

컴퓨터활용능력 | 워드프로세서

정보처리기사

월간시사상식 | 일반상식

월간NCS | 매1N

NCS 통합 | 모듈형 | 피듈형

PSAT형 NCS 수문끝

PSAT 기출완성 | 6대 출제사 | 10개 영역 찐기출

한국철도공사 | 서울교통공사 | 부산교통공사

국민건강보험공단 | 한국전력공사

한수원 | 수자원 | 토지주택공사

행과연형 | 휴노형 | 기업은행 | 인국공

대기업 인적성 통합 | GSAT

LG | SKCT | CJ | L-TAB

ROTC·학사장교 | 부사관